Gerrit-Richard Ranft

Mit Kindern in der Fränkischen Schweiz

Gerrit-Richard Ranft

Mit Kindern in der Fränkischen Schweiz

Ausflüge im Land
der Burgen und Schlösser,
Höhlen und Mühlen

Fleischhauer & Spohn

Das Umschlagbild zeigt die Felsen von Tüchersfeld (zu Seite 53).
Das Bild gegenüber der Titelseite wurde an der Wiesent aufgenommen (zu Seite 61).
Sämtliche Aufnahmen und Kartenskizzen im Innenteil stammen vom Verfasser selbst. Die Kartenskizze auf der Umschlagrückseite hat Edmund Kühnel, Reutlingen, angefertigt.

© 1995 by Fleischhauer & Spohn Verlag, Bietigheim-Bissingen
Gesamtherstellung: Druckerei Laub GmbH & Co., 74834 Elztal-Dallau
ISBN 3-87230-522-0

Geleitwort

Die Fränkische Schweiz ist als einmaliges Wanderparadies nicht nur in Deutschland bei den Wanderern bekannt.

Vor allem im Frühjahr und im Herbst sind Dutzende von Wandergruppen unterwegs, um die abwechslungsreiche Landschaft zu durchwandern.

Im Frühjahr ist es das frische Grün der Mischwälder, die herrliche Obst-, vor allem die Kirschblüte von Tausenden von Kirschbäumen, welche den Wanderer anlocken. Im Herbst ist es die herrlich bunte Laubfärbung des Mischwaldes, unterbrochen von bizarren Felspartien, die das Herz des Wanderers höher schlagen läßt.

In letzter Zeit macht man sich viele Gedanken über das „Familienwandern". Man möchte den Kindern und Jugendlichen das Wandern ans Herz legen, denn nur zu Fuß kann man die Schönheiten einer Landschaft näher kennenlernen. Nur beim Wandern kann man dem Vogelgesang lauschen, eine Orchidee am Wegesrand bewundern.

Deshalb begrüßen wir es sehr, daß der Verlag Fleischhauer & Spohn einen Familienwanderführer „Mit Kindern in der Fränkischen Schweiz" auflegt. Der Autor Gerrit-Richard Ranft hat sich die Landschaft und Wege genau angesehen, um zwanzig Ausflugsvorschläge vorzulegen. Es sind unterschiedliche Wanderungen in Länge und Steigung. Da sie genau beschrieben sind, kann man sich weder verlaufen, noch können sie für eine Familie zu beschwerlich sein. Im übrigen sind die vom „Fränkischen Schweiz Verein" betreuten Wanderwege gut markiert und bezeichnet; sie sollten aus Gründen des Naturschutzes nach Möglichkeit nicht verlassen werden. Man muß sich nur vor jeder Familienwanderung die richtige Streckenführung im vorliegenden Wanderführer aussuchen, dann gibt es bei der Wanderung keinerlei Probleme. Da an den Wegstrecken auch gute Gasthäuser liegen, ist auch für eine Stärkung gesorgt.

Als Hauptvorsitzender des „Fränkische Schweiz Vereins" kann ich den Wanderführer „Mit Kindern in der Fränkischen Schweiz" bestens empfehlen. Wandern Sie mit Ihrer Familie auf den beschriebenen Strecken, und Sie werden eine wunderbare, romantische Landschaft kennen- und lieben lernen.

Karl Theiler
1. FSV Hauptvorsitzender

Ein Wort zuvor

Auf 20 Ausflugsvorschläge beschränkt sich dieses Büchlein. Das mag genug sein für einen Urlaubsaufenthalt in der Fränkischen Schweiz. Auch gelegentliche Wochenendtrips kann es damit füllen. Daß diese Auswahl jedoch nicht alle Möglichkeiten dieser Landschaft erschöpft, versteht sich von selbst.

Der Autor hat sich bemüht, Familien, die sich mit Kindern auf den Weg machen, einen zuverlässigen Führer an die Hand zu geben. Insgesamt vermitteln die Routen einen sicheren Überblick über sämtliche Aspekte der Fränkischen Schweiz.

Alle Strecken sind leicht zu verfolgen. Den längeren ist jeweils eine Wegskizze beigegeben. Wanderkarten anzuführen wurde bewußt vermieden, da sie nicht benötigt werden. Für alle jene Wanderer allerdings, die sich auch abseits der beschriebenen Wege umsehen wollen, liegen in den Buchhandlungen die Topographischen Karten 1:50 000 des Bayerischen Landesvermessungsamts bereit: Scheßlitz (L 6132), Bayreuth (L 6134), Forchheim (L 6332) und Pegnitz (L 6334). Sie decken das gesamte Wandergebiet ab.

Die Wanderstrecken sind unterschiedlich lang. Die kürzeste hält sich innerhalb des Ortes Bärnfels und mißt gerade mal 1 500 Meter. Die längste verbirgt sich hinter dem „Millionär in der Höhle". Sie erreicht 20 Kilometer.

Wer wandert, unternimmt nicht einfach einen Sonntagnachmittagsspaziergang. Deshalb ist festes Schuhwerk immer von Vorteil, wetterfeste Kleidung ohnehin. Niemand läßt sich eine Wanderung verdrießen, wenn es zwischendrin einmal regnet. Solche Ereignisse beleben die spätere Erinnerung. Ein Wanderstecken muß nicht unbedingt dabei sein, etwas Verpflegung kann nicht schaden.

Am Ende jeder Streckenbeschreibung ist die Weglänge notiert. Auch zur Schwierigkeit der Route sind dort Angaben vermerkt. Weiterhin steht dort, wie man zum Ausgangspunkt der Wanderung kommt und wo der Wagen abgestellt werden kann. Einkehrmöglichkeiten sind erwähnt und, soweit nötig, Öffnungszeiten von Burgen, Schlössern, Museen, Höhlen.

Das Land auf dem Gebirg

Die „Fränkische Schweiz"? Wo denn, um Himmels willen, die liege, sind wir in den vergangenen Monaten oft gefragt worden, während wir an diesem Büchlein gearbeitet haben. Das hat uns nicht wenig gewundert.

Ist das gebirgige Ländchen nordöstlich Nürnbergs, eingerahmt von den Flüssen Regnitz, Pegnitz und Rotem Main, tatsächlich noch immer so unbekannt wie vor 200 Jahren? Damals, im Sommer 1793, haben die beiden Studenten Ludwig Tieck und Wilhelm Heinrich Wackenroder ihre Eindrücke von einer Reise durchs „Muggendorfer Gebirg" in ihren Briefen bekannt gemacht.

Eine regelrechte Reisewelle haben sie damit ausgelöst, die bis heute nicht verebbt ist. Und dennoch weiß mancher mit dieser Gegend nur wenig anzufangen. „Das Land auf dem Gebirg" hat sie über Jahrhunderte hin geheißen. Umfaßte dieser Name zunächst die ganze Fränkische Alb, so hat er sich seit dem 18. Jahrhundert als Gebietsbezeichnung ausschließlich für den nördlichen Teil des Gebirgszugs durchgesetzt.

Die Reisenden, die den später als Schriftsteller bekannt gewordenen Wanderern Tieck und Wackenroder folgten, zogen anfangs zumeist nur ins „Muggendorfer Gebirg", auch heute noch Mittelpunkt der Fränkischen Schweiz und vielleicht ihr wildester, zugleich aber auch ihr romantischster Teil.

Weil schwer zugänglich und deshalb abgeschieden von aller Welt, hat sich das „Land auf dem Gebirg" erst spät entwickelt. Handelsstraßen zogen zwar hindurch, Burgen wuchsen auf den Berggipfeln, Mühlen entstanden in den einsamen Flußtälern. Doch das Leben blieb mühevoll. Städte bildeten sich nur an den Rändern des Ländchens, das die Wiesent samt einigen Nebenflüssen durchströmt: Nürnberg, Erlangen, Forchheim und Bamberg am Westrand, Bayreuth und Pegnitz im Osten.

Bis heute ist es, abgesehen von ein paar Sommerwochen und den Wochenenden in der warmen Jahreszeit, einsam geblieben in der Fränkischen Schweiz. Stundenlang ist der Wanderer unterwegs auf Höhen und in Tälern, längs der raunenden Bachläufe, unter dem hohen Dach der weiten Wälder, ohne einem einzigen Menschen zu begegnen.

Mit Kindern in der Fränkischen Schweiz

Statt dessen trifft er auf Hase und Reh, auf Fuchs und Igel, und in den Lüften über ihm schweben Bussard, Milan und der Graureiher. Mit einigem Glück begegnet ihm in den Abendstunden die lautlos dahingleitende Schleiereule.

Am Wege findet er die Zeugnisse uralter Volksfrömmigkeit – Marterln, Bildstöcke und Kapellen. Auch verwitterte Steinkreuze, Sühnezeichen für eine Bluttat oder Denksteine für einen Unglücksfall.

Mit *Kindern* in der Fränkischen Schweiz? Ja, vor allem mit Kindern. Auf langen Wanderungen, ungefährdet von jeglichem Straßenverkehr, ziehen hier die Familien „über Stock und Stein", durch Felsengewirr und auf Berggipfel. Höhlen warten, auch Kahnfahrten auf kleinen Bächen, Besuche auf Burgen, Schlössern und Ruinen.

Eine verwunschene Landschaft „ohnegleichen"

Der Felsengarten Sanspareil und Burg Zwernitz

Ein kleines Dorf nur, ziemlich am Rand der Fränkischen Schweiz gelegen, aber mit einem besonderen Namen – das ist „Sanspareil". Das klingt nicht nur französisch, das *ist* französisch. Auf gut deutsch übersetzt heißt es „ohnegleichen".

Anfangs war es der begeisterte Ausruf einer Hofdame des Markgrafen von Bayreuth. Dieser durchreiste vor 200 Jahren seine Ländereien und geriet dabei auch in die Gegend nördlich des Städtchens Hollfeld. Und weil die Landschaft, in die sich die Hofgesellschaft da begeben hatte, wirklich über alle Maßen schön war, also ohnegleichen, blieb es nicht beim Staunen.

Die Verwandtschaft des Preußenkönigs Friedrich des Großen, dessen Schwester die Markgräfin Friederike Sophie Wilhelmine von Bayreuth war, machte sich ans Werk. Innerhalb weniger Jahre entstand unterhalb der Burg Zwernitz ein verwunschener Felsengarten, in Umrissen von der Natur schon angelegt, jetzt vom Architekten des Markgrafen phantasievoll ergänzt.

„Sanspareil" wurde er nun genannt – gerade so, wie die Hofdame ausgerufen hatte, als sie die Wald- und Felslandschaft zum erstenmal sah. Und weil alles seine Ordnung haben mußte, wurde auch gleich das benachbarte Dorf Zwernitz am Rande des Felsengartens und am Fuß der Burg umbenannt. Seither trägt es wie der Felsengarten den Namen „Sanspareil", sorgsam geregelt durch einen markgräflichen Erlaß vom 15. September 1746.

Gut 20 000 Taler hat der Markgraf aufgewendet, um seinen Buchenhain von Sanspareil mit den darin verstreuten wundersamen Felsenbrocken kunstvoll um weiteres Gestein zu ergänzen. Drei Jahre lang, von 1745 bis 1748, ist der Natur sorgfältig nachgeholfen worden.

So sind Grotten und Durchgänge entstanden, wurden Felsen in Pilze, in Schirme oder in Tische verwandelt. Und zu guter Letzt hat der markgräfliche Hofarchitekt auch noch verschiedene Türmchen und Häuschen, Pavillons, Skulpturen, Gemälde und sogar ein Ruinentheater in die freie Natur gestellt.

Ein großer Teil der künstlich eingefügten Stücke ist mit den Jahrhunderten vergangen, zerstört von Wind und Wetter, doch wohl auch von mißliebigen Nachbarn. Dennoch verführt auch heute noch ein Gang durch den Felsengarten von Sanspareil zum Ausruf der

Auf dem direkten Weg zur Burg Zwernitz

markgräflichen Begleiterin: „Meiner Treu, gnädigster Herr, das ist ohnegleichen."

Schauen wir uns also an, was da so ohnegleichen ist in Sanspareil. Dazu suchen wir zunächst das nahebei gelegene Dörfchen Wonsees auf. In der Ortsmitte tun wir einen Blick auf die Orientierungstafel, die uns eine grobe Übersicht über die Wanderung durchs Wacholdertal gibt.

Am Haus mit der Nummer 10 vorbei, das mit seinen weißen, gemauerten Fensterlaibungen regelrecht ins Auge fällt, gehen wir in der kleinen, namenlosen Gasse abwärts. Unsere Route ist hier als Wanderweg mit der *6 im roten Dreieck* gekennzeichnet.

Nach knapp 200 Metern passieren wir die links am Wege stehende Marktmühle. Dort überqueren wir die Kainach, ein Flüßchen, das fünf Kilometer nördlich von Wonsees bei Schirradorf entspringt.

Den Wegweiser ins *Wacholdertal* finden wir nach weiteren 100 Metern. Ihm folgen wir, biegen nach dem nächsten Haus links ab und wandern nun ins Tal hinein. Schon bemerken wir vor uns am Berghang die ersten dunkelgrünen Säulen der Wacholdersträucher. Sie werden uns nun am Wegrand für eine gute Weile stille Begleiter sein.

Rechts säumen Linden den Wanderweg. Nach knapp einem Kilometer stoßen wir auf einen ersten **Rastplatz**. Eine offene Hütte mit Bänken lädt zu einer kurzen Rast. Still ist es hier, über uns nur das Rauschen des Windes in den Baumwipfeln.

Von der Hütte führt unser Weg nun in leichter Steigung geradeaus in den Wald hinein. Rund 300 Meter geht es unter Bäumen dahin. Wir erreichen eine grasbewachsene Wegkreuzung, halten uns bei ihr links und wandern noch einmal ebensoweit. Danach gelangen wir wieder auf einen festen Waldweg.

Endlich finden wir vor uns am Baum einen Wegweiser, der nach *Sanspareil* zeigt. Er versichert uns, tatsächlich auf dem richtigen Pfad zu sein. Wir folgen ihm.

Einen halben Kilometer nach dem Wegweiser treten wir aus dem Wald. So unscheinbar die Höhe ist, auf der wir wandern, so geht der Blick doch weit übers fränkische Land. Felder, Wälder, ungezählte Bergkuppen, wohin das Auge blickt.

Die vor uns liegende Wegkreuzung überqueren wir. Jenseits treten wir erneut in ein lichtes Gehölz. Nach nur gut 100 Metern lassen wir das Waldgelände endgültig hinter uns. Eine Bank steht am Weg.

Zum erstenmal sehen wir Burg Zwernitz. Hoch steigt der Bergfried über dem Dorf Sanspareil auf. Eine laternenartige Haube deckt seine Spitze. Nur die Oberburg ist noch erhalten. Wo einst die Unterburg gestanden haben mag, liegt heute ein Teil des Dorfes Sanspareil.

Unser Weg läuft direkt auf die Burg zu. Gut einen halben Kilometer haben wir noch zu gehen. An der Dorfstraße treffen wir auf Wegweiser, die nach rechts zum *Felsengarten* zeigen. Die vielfältigen Steingebilde dort tragen zumeist Namen aus der griechischen Sagenwelt wie Äolus-, Sybillen- und Kalypsogrotte. Eine Vulcanshöhle finden wir, aber auch eine Bärenhöhle. Felsbrocken heißen je nach ihrer Gestalt Grüner Tisch und Regenschirm, Pansitz und Tanzsaal.

Nahezu im hintersten Winkel des Buchenwäldchens liegt das **Ruinentheater**, bewußt als scheinbar schadhafter Bau in die Felsenlandschaft gesetzt. Ob dort jemals Theater gespielt worden ist, weiß man nicht. Möglich wär's wohl gewesen. Allerdings nur für wenig Publikum, und auch der winzige Orchestergraben hätte nur wenige Musiker aufgenommen.

Am Eingang zum Felsengarten steht der **Morgenländische Bau**. Das Schlößchen – ein neckischer Einfall – ist um eine Buche im Innenhof herumgebaut. Von der Rückseite des Bauwerks aus kann man in den Hof sehen.

Die Ausstellung im Inneren des Schlößchens enthält Möbel, eine Porzellansammlung und Teppiche, die man sämtlich besichtigen

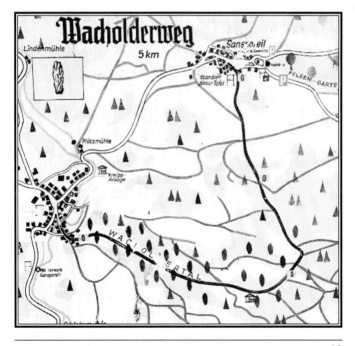

Der „Morgenländische Bau" in Sanspareil

kann. Außerdem werden Bilder aus der Zeit unmittelbar nach Fertigstellung des Felsengartens gezeigt. Ins Schloß kommt man aber nur mit einer Führung. Sie dauert 20 Minuten.

Burg Zwernitz, an der wir auf unsem Rückweg nach Wonsees vorbeikommen, wurde im 12. Jahrhundert erbaut. Im Jahr 1156 wird sie als „Zvernze" erstmals schriftlich genannt. Errichtet haben die Anlage die „Walpoten", ein uraltes fränkisches Adelsgeschlecht.

Im 13. Jahrhundert schon haben sie die Burg an die Grafen von Andechs verloren. Zweimal, im 16. und im 17. Jahrhundert, ist sie völlig niedergebrannt worden. Erst nach Ende des Dreißigjährigen Krieges wurde mit dem Wiederaufbau begonnen.

Die Burg steht Besuchern offen. Mehrere mit Waffen bestückte Kammern sind zu besichtigen, dazu Möbel und Gemälde, das meiste aus dem 16. und 17. Jahrhundert. Sehr schön ist der Rundblick vom 35 Meter hohen Burgturm.

Im Dorf Sanspareil, früher Zwernitz, kommen wir am ehemaligen **Burgbrunnen** vorbei. Eine Tafel zeigt an, daß sich hier einst der Zwinger befunden hat, der Raum zwischen äußerer und innerer Burgmauer. Der 50 Meter tiefe Brunnen ist erst 1951 ausgetrocknet.

Nach Wonsees zurück gehen wir zunächst längs der Dorfstraße bis zum Ortsendeschild von Sanspareil. Dort nehmen wir das Asphaltsträßchen, das nach rechts abzweigt. Wir kommen an einer großen Scheune vorbei und wandern bald darauf auf einem Schotterweg. In schöner Lage bleibt die Burg hinter uns zurück.

Nach 400 Metern erreichen wir eine Wegkreuzung. Dort halten wir uns links, gehen an einem Gärtchen mit Hecke entlang. Der steinige Grasweg läuft nun ziemlich bergab. Vor uns im Tal hinter den Bäumen erscheint schon das Dorf Wonsees.

Zu guter Letzt steigen wir noch einen Hohlweg hinab, passieren ein kleines Gehöft und erreichen die Landstraße. Auf ihr gehen wir rechts nach Wonsees hinein und zurück zum Parkplatz.

▷ *Wie kommt man nach Wonsees?*
Wonsees als Ausgangspunkt der Wanderung liegt am Nordrand der Fränkischen Schweiz. Von Bayreuth oder von Bamberg her fährt man auf der Bundesstraße 22 bis Hollfeld, von dort gelangt man in nördlicher Richtung über Kainach zum Ziel. Unterhalb der Wonseeser Dorfkirche liegt ein geräumiger Parkplatz.

○ *Weglänge:*
Die ganze Strecke mißt grob gerechnet sechs bis sieben Kilometer. Sie ist leicht zu gehen, ohne bedeutende Steigungen und verläuft über weite Strecken im Wald.

Das Ruinentheater im Felsengarten von Sanspareil

Felsengarten:
△ *Öffnungszeiten:* liegt in freier Natur, ist also stets zugänglich.

Morgenländischer Bau:
△ *Öffnungszeiten:* 1. April bis 30. September
dienstags bis sonntags 9.00–12.00 Uhr
und 13.20–17.00 Uhr

Eintritt: Erwachsene DM 1,50
Kinder DM 1,00
Die Führung dauert 20 Minuten.

Burg Zwernitz
△ *Öffnungszeiten:* 16. April bis 15. Oktober
täglich außer montags 9.00–12.00 Uhr
und 13.20–17.00 Uhr

∞ *Eintritt:* Erwachsene DM 1,50
Kinder DM 1,00

☆ *Einkehrmöglichkeiten:*
In Wonsees und Sanspareil finden sich dörfliche Gasthäuser. Auf der Wanderroute selbst gibt es keine Einkehrmöglichkeit. Am Ende des „Wacholdertals" befindet sich jedoch eine kleine Hütte mit Sitzgelegenheiten, aber ohne Grillstelle. Hier könnte eine Vesperpause eingelegt werden.

Der „Obere Markt" in Hollfeld mit dem Rathaus, dem Fachwerkbau des "Wittauerhauses" und dem Ziehbrunnen

Der reitende Kaiser im Stadtwappen

Gang durchs fast mittelalterliche Hollfeld

Der Kaiser ist in einen langen, purpurroten Mantel mit Hermelinkragen gehüllt. Auf dem Kopf trägt er die goldene Krone, in der rechten Hand das Zepter in Form einer Lilie. Das Pferd, das den Kaiser über einen grünen Hügel trägt, ist in rot gefärbtes Zaumzeug geschirrt. Auch der Sattel ist rot.

Anschauen kann man das Bild vom reitenden Kaiser an der Außenwand des Rathauses der kleinen Stadt Hollfeld. Es ist zugleich das Wappen der Stadt. Niemand weiß genau, welcher der deutschen Kaiser da durch das Hollfelder Stadtwappen reitet. Vielleicht ist überhaupt keine bestimmte historische Persönlichkeit damit gemeint.

Möglicherweise handelte es sich bei dieser Darstellung um einen Hinweis auf das kaiserliche Hofstift Bamberg, zu dessen Hoheitsgebiet die Stadt im Mittelalter und in der Zeit danach gehörte. Das Siegel mit einem solchen Kaiserbild erscheint erstmals auf einer Urkunde aus dem Jahre 1326.

Das aber haben die Hollfelder erst festgestellt, als es für eine Geburtstagsfeier zum 650jährigen Jubiläum des Siegelaufdrucks bereits zu spät war. Sie hatten sich nämlich auf der Grundlage anderer alter Urkunden auf das Jahr 1979 verabredet, um die erstmalige Erwähnung ihrer Stadt zu feiern.

Erst mit den Vorbereitungen zu diesem Fest kam dann heraus, daß die Stadt schon drei Jahre zuvor erstmals urkundlich erwähnt worden ist. Die Hollfelder hat's nicht verdrossen. Sie haben trotz allem ein schönes Jubelfest gefeiert.

Das **Alte Rathaus**, an dem das kaiserliche Stadtwappen hängt, steht am „Marienplatz" in der Oberstadt. Es ist rund 270 Jahre alt. Einen Vorgängerbau gab es schon im Jahr 1424. Der große Stadtbrand von 1724 hat ihn nahezu völlig zerstört. Im Mittelalter war es ein Fleisch- und Kaufhaus. Rathaus wurde es erst später. Am Giebel des heutigen Bauwerks von 1724 ist das Wappen des Fürstbischofs von Würzburg und Bamberg zu sehen. Es trägt die Jahreszahl 1769.

Direkt neben dem Alten Rathaus steht das **Wittauerhaus**. In ihm ist das Fremdenverkehrsamt der Stadt eingerichtet. Das Haus hat innen schön geformte Decken und ist mit allerlei kostbaren Malereien geschmückt.

Auf dem „Marienplatz" vor dem Rathaus steht der mittelalterliche **Ziehbrunnen**. Er ist 38 Meter tief in den Fels geschlagen. Schon im Jahr 1435 wird von ihm berichtet. Damals hieß er „der Beyerbrunnen". Erzählt wird, daß ihn vor unendlich langer Zeit Kriegsgefangene ausgehoben haben. Im 17. Jahrhundert ist er zugeschüttet, im Jahr 1856 wieder geöffnet worden. Das Brunnenhäuschen, das ihn heute schmückt, ist ihm erst 1936 aufgesetzt worden.

Bevor wir unseren Rundgang durch Hollfeld beginnen, wandern wir einmal rund um den „Marienplatz" herum. An der „Stadtschänke" vorbei machen wir einen kurzen Abstecher zum **Oberen Tor**. Hier ist der höchstgelegene Punkt der Stadt.

Das Tor ist um das Jahr 1300 gebaut worden. Damals hat sich Hollfeld mit festen Mauern, Türmen und dem Stadtgraben umgeben, um sich gegen Überfälle zu schützen. Eine Zugbrücke beim Torturm überspannte den tiefen Graben vor der Stadtmauer.

Wir kehren zum „Marienplatz" zurück und kommen an der **Nepomuk-Kapelle** vorbei. Sie ist 1734 gebaut worden. Gestiftet hat den barocken Bau Georg Reis aus der Häfner-Zunft. Das Wappen an der Kapelle zeigt seinen Beruf, ebenso die Henkelvase mit den Blumen. Das hohe Bauwerk rechts hinter der Kapelle ist das frühere Amtsgericht. Zuvor war es Amtshaus des Fürstbistums Bamberg. Gebaut worden ist es zeitgleich mit der Kapelle.

Am „Marienplatz" entlang nähern wir uns dem Wahrzeichen Hollfelds, dem 38 Meter hohen **Gangolfsturm** an der Gangolfskirche. Vermutet wird, daß hier eine erste Kirche schon im 12. Jahrhundert gestanden hat.

Über 90 Stufen kann man den alten Turm noch bis zum hölzernen Wehrkranz hinaufsteigen. Von oben hat man einen umfassenden Blick über die Stadt und das ganze umliegende Hollfelder Land. Früher hatte der Wächter oben auf dem Turm seine Wohnung. Den Schlüssel zum Eingang kriegt man im Rathaus gegenüber.

Doch nun machen wir uns auf den Weg durch die Stadt. Zunächst in die gepflasterte schmale Gasse rechts vom Wittauerhaus und weiter zur **Judengasse**. Schlimmes hat sich hier in diesem Stadtviertel ereignet. Während der fränkischen Judenverfolgungen des Jahres 1298 sind in Hollfeld die Angehörigen dreier jüdischer Familien erschlagen worden, insgesamt mehr als 20 Menschen.

Trotzdem haben sich später erneut Juden in der Stadt niedergelassen. Im Jahr 1475 setzten in Franken neue Verfolgungen ein. Alle Einwohner jüdischen Glaubens wurden aus dem Hochstift Bamberg vertrieben – einschließlich der Hollfelder Juden.

Unser Weg führt an der *Museumsscheune* vorbei, in der das Hollfelder Heimatmuseum eingerichtet ist. Am Haus Judengasse 19 vorüber kommen wir rasch zur **Pfarrkirche Mariä Himmelfahrt**, Ihr Vorgän-

Ein Blick herab von der Spitze des „Gangolfsturms"

gerbau, der schon im Dreißigjährigen Krieg erheblich beschädigt worden war, ist nach dem Stadtbrand von 1724 abgerissen worden. Die heutige Kirche ist ums Jahr 1780 entstanden.

Beim Pfarrhof vor „Mariä Himmelfahrt" finden wir den zweiten mittelalterlichen Hollfelder Ziehbrunnen. Er ist 29 Meter tief. Beim Weitergehen achten wir mal auf das **Haus Steinweg 17**. Der mit Schiefer verkleidete Giebel zeigt Malereien aus dem Jahr 1725. Sie sollen die ältesten künstlerischen Arbeiten dieser Art in ganz Süddeutschland sein.

Wir kommen zum „Unteren Markt", früher auch „Alter Markt" genannt. Der „Obere Markt" ist der „Marienplatz" mit dem Rathaus. Beide kennen wir ja schon. Die „Untere Stadt" ist an einem mittelalterlichen Handelsweg gewachsen, den heute die Bundesstraße 22 einnimmt.

Der Verkehrslärm rät uns, rasch weiterzugehen. Am Haus Nummer 4 vorüber wandern wir zum „Spitalplatz" hinab. Das **Spital** mit seinem Fachwerkgiebel und dem Glockentürmchen oben drauf ist im 15. Jahrhundert als Stiftung gebaut worden. Es bot armen und gebrechlichen Menschen Unterkunft und Verpflegung und konnte zwölf Bewohner aufnehmen.

Unser Weg führt zur Brücke über das Flüßchen Kainach. Dort treffen wir auf die Steinplastik des heiligen Nepomuk. In der Barockzeit wurde Nepomuk, der Prager Märtyrer, vor allem in Franken verehrt und vielerorts als Brückenheiliger aufgestellt. Er gilt als Patron der Beichtväter, der Schiffleute und der Flößer.

Gleich nach der Brücke halten wir uns links, gehen die recht betagt wirkende „Eiergasse" hinauf. Durch Häuserlücken hindurch entdecken wir von hier aus immer wieder schöne Durchblicke auf die ganze Oberstadt mit Stadtmauer und Bürgerhäusern von der Pfarrkirche Mariä Himmelfahrt bis hin zum Gangolfsturm.

Nach der ehemaligen Brauerei „Weisstauben Bräu" und nachdem wir ein paar Treppenstufen hinabgestiegen sind, treffen wir auf einen Steg. Rechts oben auf dem Fels steht das „Kauperskreuz". Dort soll, wie die Sage erzählt, vor langer Zeit ein Ochse hinuntergesprungen sein. Erstaunlicherweise hat er sich dabei nicht verletzt. Zur Erinnerung an dieses ungewöhnliche Ereignis soll das Kreuz aufgestellt worden sein.

Beim nächsten Weg wenden wir uns nach links und kommen noch einmal über die Kainach. Als erstes erreichen wir das alte Elektrizitätswerk der Stadt, danach die **Fischmühle**. Diese einstige Wassermühle ist 1715 entstanden und gilt heute als eines der schönsten Fachwerkhäuser in der Stadt. Der Giebel zeigt das Wappen der Müllerzunft zusammen mit den Handwerkszeichen der Bierbrauer.

Bei der „Langgasse", der nächsten Querstraße, gehen wir rechts Richtung Kainachbrücke. Auf der Straßenseite gegenüber, an der steinernen Wand beim Parkplatz, ist das „Schmötzerwappen" von 1733 eingesetzt. Sebastian Schmötzer war Bäcker in Hollfeld, später auch Bürgermeister der Stadt.

Vor der Brücke über die Kainach wandern wir links in die **Türkei** hinein. Wie die Gegend zu diesem Namen gekommen ist, weiß heute niemand mehr so genau. In Aufzeichnungen aus dem Jahr 1764 wird einmal eine „türkische Musik" genannt. Auch wird berichtet, daß ein „Prinz aus Arabien" ein Almosen erhalten habe.

Ob der Name mit diesen Ereignissen zu tun hat? Die „Türkei" war früher eines der Hollfelder Scheunenviertel. Das Fachwerkhaus gleich bei der Brücke war ein solcher Bau, Mitte des 18. Jahrhunderts errichtet.

Der Weg läuft nun zur alten *Bergmühle*, einem einstigen Sägewerk. In weitem Bogen führt noch heute der Mühlenkanal heran. Gleich nach dem Haus Nummer 15 steigen wir 99 Stufen zur Oberstadt hinauf.

Wir passieren das Bergschustertor, einst auch das „Badtürlein" geheißen, wohl weil es zur Kainach hinabführte. Wir kommen zur Gangolfskirche zurück, sind wieder in der Oberstadt.

▷ *Wie kommt man nach Hollfeld?*
Hollfeld liegt an der Bundesstraße 22 fast auf halbem Weg zwischen Bayreuth und Bamberg. Das Auto kann am „Marienplatz" in der Oberstadt abgestellt werden.

○ *Weglänge:*
Der Spaziergang durch Hollfeld mag gut zwei Kilometer lang sein. Von der Oberstadt läuft der Weg anfangs nur bergab, unten geht es dann fast eben weiter. Ganz zum Schluß führt der Weg über 99 Treppenstufen wieder zur Oberstadt hinauf.

☆ *Einkehrmöglichkeiten:*
Hollfeld besitzt zahlreiche gemütlich eingerichtete, anheimelnde Gasthäuser.

❷

Burg Unteraufseß

Die Eisenberta nimmt ungezogene Kinder mit

Burgenvisite im Aufseßtal

Streit in der Familie kommt häufig vor. Seltener dagegen, daß Geschwister mit scharfen Waffen aufeinander losgehen. Im sonst eher friedlichen Tal der Aufseß aber ist genau das passiert. Die heftig zerstrittenen Brüder Karl Heinrich und Friedrich von und zu Aufseß haben sich sogar gegenseitig beschossen. Das war allerdings schon vor 300 Jahren.

Ums Jahr 1680 setzten die Streitereien ein. Über die Gründe, die zur Familienfehde führten, ist heute nicht mehr viel bekannt. Die Feindschaft jedenfalls wuchs sich aus bis hin zu gegenseitigen Mordanschlägen. Schließlich räumte Karl Heinrich das Feld, verließ die gemeinsam geerbte Burg Aufseß und baute sich 1691 in gut tausend Metern Entfernung eine eigene Burg an den Hang über dem Fluß. Die nannte er Oberaufseß.

Das war aber nun keineswegs das Ende des Streits. Noch im Jahr 1703 trat Friedrich mit Degen und Flinte gegen den Bruder Karl Heinrich an, als dieser ihn auf der Stammburg, die nun Unteraufseß hieß, besuchte. Zweimal wurde auch Friedrich durch Schrotladungen verletzt.

Friedrich von und zu Aufseß aber saß seit dem Auszug des Bruders recht betrübt auf seiner Burg. Denn von einem Tag auf den andern war die zu Unteraufseß herabgesetzt worden war, nachdem sein Bruder Karl Heinrich die flußaufwärts gelegene neue Burg Oberaufseß genannt hatte.

Das bereitete dem Unteraufseßer ziemlichen Verdruß. Und so baute er auf der Hochfläche gegenüber Oberaufseß einen weiteren Herrensitz. Trotzig nannte er ihn Höchstaufseß. Doch hat Friedrich nicht lange Freude an ihm gehabt. Schon im Jahr 1718 ist die neue Burg, nachdem der Blitz sie getroffen hatte, abgebrannt.

So stehen denn heute im Tal der Aufseß zwei Burgen – Ober- und Unteraufseß. Die Familienfehde ist beigelegt, seitdem die Brüder Alexander und Hans von Aufseß im 19. Jahrhundert die Besitzverhältnisse vertraglich und für alle Zeit geregelt haben.

Die heutige Burg Unteraufseß ist schon im frühen 12. Jahrhundert entstanden, in späterer Zeit dreimal zerstört und immer wieder aufgebaut worden. Bis heute wird sie ohne Unterbrechung von der Familie von und zu Aufseß bewohnt.

Hans Freiherr von Aufseß, der am 7. September 1801 auf Oberaufseß geboren wurde, ist der Gründer des Germanischen Nationalmuseums in Nürnberg. Heute lebt auf Oberaufseß Hans Max von Aufseß, Schriftsteller, Heimatdichter und Erzähler.

Auf einem Rundgang, teils im Aufseßtal, teils auf der Hochfläche darüber, schauen wir uns die beiden Burgen an, die auch als Schlösser bezeichnet werden. Wir werfen einen Blick auf den alten Judenfriedhof von Unteraufseß und in den „Hugoturm" bei Oberaufseß. Besichtigen können wir nur Unteraufseß. Oberaufseß bleibt uns verschlossen.

Fangen wir an in Unteraufseß. Nicht beim Schloß, sondern gegenüber auf dem linken Aufseßufer an dem freien Platz beim Haus Raiffeisenstraße 55. Wir wandern nach rechts am Zaun entlang, der ein Stück weit den kleinen See mit der Insel mittendrin umgibt.

Am Ende des Zauns wenden wir uns sofort nach links und überqueren auf dem Steg das Flüßchen Aufseß. Drüben führt der Weg leicht den Hang hinauf und läuft dann im Pfad „Burggraben" weiter. Wir kommen an einem kleinen Spielfeld vorbei und 300 Meter danach zum „Gasthof Stern".

Aus der „Brunnengasse" kommend wandern wir den „Brunner Weg" hinauf. Er führt uns weiter den Hang hinauf und bald zum Ort hinaus. Vom Ortsrand her erkennen wir nun schon rechts über dem Tal die Dächer von Schloß Oberaufseß. Vor uns am Weg liegt der alte Judenfriedhof von Unteraufseß.

Wir bleiben auf unserem Weg, der an Feldern vorbei allmählich zum Waldrand und dann in den Wald hineinläuft. Gut 500 Meter nach dem Friedhof treffen wir im Wald auf eine Weggabel. Wir gehen rechts hinauf und wenig später wieder aus dem Wald hinaus.

Der Weg führt uns nun mal links, mal rechts an Waldrändern entlang, bis wir nach einem guten halben Kilometer wieder im Wald stehen. Dort nehmen wir den ersten Weg rechts und gleich darauf nochmal rechts zum **Hugo-Turm**. Der Wegweiser hilft uns hier beim Zurechtfinden im Wald.

Das merkwürdige Turmbauwerk ist 1883 entstanden und besitzt eine stark beschädigte hölzerne Wendeltreppe, die wir leider nicht mehr besteigen können. Oben auf dem Turm thront ein achteckiger Holzbau, in dem sich einst muntere Jagdgesellschaften versammelt haben.

Wir wandern am Turm vorbei auf dem Pfad tiefer in den Wald hinein. Als Wegweiser nutzen wir die Markierung *Grüner Punkt* und *Blauer Punkt*. Nach nur 200 Metern schon verlassen wir den Wald. Wir stehen nun am Anfang einer Lindenallee. Sie führt direkt auf Schloß Oberaufseß zu.

Altersschwaches Schöpfrad

❸

Vor der 73. Linde steht rechts am Weg ein alter Denkstein. Auf ihm können wir mit einigen Schwierigkeiten nachlesen, daß die Allee im Jahr 1874 angelegt worden ist. Inzwischen hat sie zwar einige Lücken bekommen, doch wenn wir richtig gezählt haben, stehen noch 106 Lindenbäume beiderseits des Sträßchens.

Schloß Oberaufseß, das wir nun erreichen, kann nicht besichtigt werden. Aber das wußten wir ja schon. In der Einfahrt hängt jedoch eine Tafel, auf der kurz die Geschichte des Bauwerks erzählt wird. In aller Bescheidenheit heißt es dort, das Schloß weise keinerlei Sehenswürdigkeiten auf. Ein Blick in den Schloßhof ist allerdings erlaubt.

Wir gehen das Asphaltsträßchen hinunter. Unten wenden wir uns vor der Aufseß nach rechts und wandern flußabwärts. Nach einem knappen halben Kilometer gelangen wir rechter Hand am Straßenrand zu einer ehrwürdigen, schon recht betagten Linde. Bei ihr gehen wir den Waldweg hinauf.

Nach 200 Metern unterbrechen ein paar Laubbäume den eintönigen Nadelholzwald. Hier führt uns das Wanderzeichen *Blauer Punkt* auf dem Pfad nach links in den Wald. Es geht zwei Stufen hinauf. Den Wegrand säumen Felsbrocken unterschiedlicher Größe und mannigfaltiger Gestalt. Bald steigen wir auf steinernen Stufen eine Felsentreppe hinauf.

Das Felsenlabyrinth, in dem wir uns hier befinden, heißt **Wüstenburg**. Im Aufseßtal erzählt man, daß hier früher die „Wogastisburg" gestanden habe. Eine alte Chronik berichtet, bei der Wogastisburg hätten sich im Jahre 630 die Wenden und Franken eine wilde Schlacht geliefert. Ob diese Geschichte allerdings wahr ist, konnten die Historiker bis heute nicht klären.

Daß dagegen die Geschichte von der „Eisenberta" erfunden ist, gilt als so gut wie sicher. Die alte Frau, so wird berichtet, lebte vor Jahren im undurchdringlichen Aufseßer Wald. Immer im Monat Dezember stieg sie bei einbrechender Dunkelheit ins Dorf hinunter. Dabei rasselte sie wie wild mit ihren eisernen Ketten, die sie bei sich trug. Sie suchte nach ungehorsamen, faulen und bösartigen Kindern. Die fesselte sie mit den Ketten und verschleppte sie in den Wald, wenn sie nicht Besserung versprachen. Aber das ist wohl lange her.

In der Gegend der Wüstenburg entdecken wir eine **Höhle**, daneben eine Grotte, schließlich sogar einen vermauerten Raum. Was sich hier in diesem Felsengewirr verbergen mag, können wir nicht feststellen. Wir ziehen weiter, doch nicht die Treppe hinauf, sondern auf dem Pfad bergab.

Nach kurzer Zeit schon sind wir wieder unten an der Aufseß, wandern ins Dorf Unteraufseß hinein – zurück zu dem Platz, an dem wir die Wanderung begonnen haben.

▷ *Wie kommt man nach Unteraufseß?*
Unteraufseß kann aus allen vier Himmelsrichtungen angefahren werden: von Bamberg im Westen über Geisfeld und Heiligenstadt; von der B 505 im Norden über Wonsees, Hollfeld und Neuhaus; von Bayreuth im Osten auf der B 22 nach Donndorf, danach über Plankenfels nach Unteraufseß; schließlich von der B 470 im Süden über Streitberg und Wüstenstein.

○ *Weglänge:*
Die ganze Strecke mißt knapp fünf Kilometer und ist ohne Anstrengung zu gehen. Nur durch Unteraufseß geht es anfänglich ein Stück bergan. Die weiteren Wege verlaufen meist eben, mal leicht ansteigend, mal etwas fallend.

Schloß Unteraufseß
△ *Öffnungszeiten:* dienstags bis sonntags
   nur im Rahmen einer Führung

◇ *Führungen::*   11.00, 14.00, 16.00, 17.00 Uhr
   Dauer der Führung: 1 Stunde

∞ *Eintritt:*   Erwachsene   DM 5,00
   Kinder ab sechs Jahren   DM 3,00

☆ *Einkehrmöglichkeiten:*
Wirtshäuser gibt es nur in Unteraufseß. Längs der ganzen übrigen Wanderstrecke kann nicht eingekehrt werden. Am Wegrand kann man immer mal wieder ausruhen. Allerdings fehlt es an Bänken.

Am Geologischen Lehrpfad bei der Heroldsmühle

Wandernd lernen

Drei Lehrpfade um Heiligenstadt

„Heiligenstadt ist weder Stadt, noch ist es heilig." Mit solch lockerem Spruch begrüßen den Gast die Heiligenstädter – selbstbewußt und überzeugt, in einer schönen Gegend zu leben. Über 23 Dörfer und 78 Quadratkilometer leben die 3 700 Heiligenstädter verstreut. Damit gehört ihr Ort – der Fläche nach – zu den größten Gemeinden im Freistaat Bayern. Durchschnittlich wohnen hier nur 46 Menschen auf einem Quadratkilometer bayerischen Bodens. In ganz Bayern sind es im Durchschnitt 160 Einwohner.

Liegt Heiligenstadt also am Ende der Welt? Fast möchte man es meinen. Auf den Wanderwegen jedenfalls, die es rund um Heiligenstadt und in seinen Ortsteilen auf eine Länge von gut 200 Kilometern bringen, begegnet der Wanderer kaum einem Menschen. Selbst in den Dörfern, die er besucht, ist er meist allein unterwegs. Trifft er aber einmal auf einen Menschen und fängt er mit ihm eine Plauderei an, dann kommt er so bald nicht wieder von ihm los. Denn anhänglich sind sie schon, die Menschen in der Fränkischen Schweiz, und die in Heiligenstadt allemal.

Also die richtige Gegend zum Wandern? Ohne Frage. Die Heiligenstädter haben nämlich eine pfiffige Idee gehabt, die den Besuchern ihre ohnehin schon schöne Gegend noch schmackhafter machen soll. Drei Lehrpfade haben sie angelegt – alle zu unterschiedlichem Zwecken.

Der **Waldlehrpfad** am Hang des Altenbergs hoch über dem Ortsteil Zoggendorf ist knapp zwei Kilometer lang und führt, wenn der Aufstieg erst mal geschafft ist, weitgehend eben durch den dichten Wald unterhalb der „Schwedenfelsen".

Der **Geologische Lehrpfad** mit einer Länge von gut sieben Kilometern bringt den Wanderer zu den Quellen, danach durch das Trockental des Flüßchens Leinleiter und schließlich auf die Hochfläche der Alb mit ganz einzigartigen Ausblicken ins Tal und weit über das fränkische Land.

Bleibt als dritter der **Landwirtschaftliche Lehrpfad** oberhalb des Dörfchens Burggrub, der etwas mehr als einen Kilometer mißt und einen guten Einblick in die Arbeit der fränkischen Bauern und in die Bedeutung der Landwirtschaft gibt.

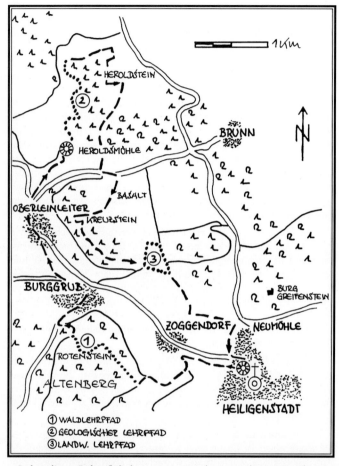

① WALDLEHRPFAD
② GEOLOGISCHER LEHRPFAD
③ LANDW. LEHRPFAD

Jeden dieser Lehrpfade kann man einzeln erwandern. An jedem ist ein eigener Parkplatz angelegt. Hinweistafeln erläutern die Wege und beschreiben, was man dort zu sehen bekommt.

Eine ganz andere Idee aber wäre es, alle drei Wege auf einer einzigen Rundwandertour miteinander zu verbinden. Das bedeutet zwar eine ziemliche Strecke von knapp 20 Kilometern. Aber richtig eingeteilt und hier und da mit einer Rast unterbrochen, sollte uns die Runde wohl gelingen.

Zum Ausgangspunkt wählen wir den hübschen Heiligenstädter **Marktplatz**. Dort begrüßt uns das Rathaus, ein prachtvoller Fachwerkbau. Das Verkehrsbüro der Gemeinde ist nebenan im „Örtelshof". Den großen Brunnen auf dem Markt schaut man sich am besten im Frühjahr an, wenn er seinen bunten Osterschmuck trägt.

Vom Marktbrunnen her wenden wir uns nach links, überqueren die Brücke über die Leinleiter, gehen danach sogleich rechts in der „Mühlgasse" bachaufwärts. In Richtung auf den Ortsteil Zoggendorf wandern wir aus Heiligenstadt hinaus und in den Wiesengrund der Leinleiter hinein. Wir sind auf dem *Main-Donau-Wanderweg*.

Bereits nach einem guten Kilometer endet dieser gemeinsame Fuß- und Radweg. Wir gehen auf dem Sträßchen links weiter und nun zum ersten Mal ziemlich bergan, vorbei an einem Wanderparkplatz. Die weitere Richtung zeigt der Wegweiser zum *Waldlehrpfad*. Über das Tal der Leinleiter hinweg sehen wir in großartiger Lage droben auf der Albhöhe **Burg Greifenstein**.

Gebaut hat den Greifenstein schon in der Mitte des 12. Jahrhunderts Meingoz von Adelsdorf. Weil dieser eine Gräfin aus Tirol zur Frau hatte, nannte er seinen Neubau Burg Greifenstein – nach der gleichnamigen Anlage zwischen Bozen und Terlan im heutigen Südtirol. Während der Bauernkriege des frühen 16. Jahrhunderts wurde der Greifenstein über Heiligenstadt zerstört, doch bereits bis 1531 im wesentlichen wieder aufgebaut. Seit 1690 ist die Burg im Besitz der Grafen Schenk von Stauffenberg.

Wir kommen zu dem kleinen Rastplatz am Beginn des **Waldlehrpfads**. Die Universität Bayreuth und das Staatliche Forstamt Scheßlitz haben den Pfad gemeinsam gestaltet. Das liegt zwar schon eine ganze Weile zurück, und wir werden sehen, daß sich seither im Wald einiges verändert hat, doch ist es ganz hilfreich, was hier auf den Schautafeln erläutert und später am Wegrand noch erklärt wird.

Gleich nach der altersschwachen, rostenden Wegschranke treffen wir auf das Strauchgewächs des Hartriegel, von dem es in Europa drei, weltweit sogar 45 Arten gibt. Unmittelbar danach entdecken wir, an einem Baum hängend, die bedeutsame Konstruktion eines „Bayerischen Futtersilos" für die fliegenden Waldbewohner. Nach der Tafel *Waldmeister* schauen wir einmal den Hang hinauf zu den massigen *Schwedenfelsen*, die droben im Wald aufsteigen.

Das „Nest der kleinen roten Waldameise" (Formica Polyctera) ist leider nicht mehr da, nur noch die Schutzhaube, die es wohl einst gesichert hat. Beim Wegweiser *Ringweg Heiligenstadt–Burggrub* könnten wir einen Abstecher zum Fuß des **Rotenstein** einlegen. Das sind 500 Meter hin und zurück. Auf den steilen Felsklotz selbst kommen wir allerdings nicht hinauf.

Die Sage erzählt, auf dem Rotenstein habe früher eine Burg mit Mauern, Türmen und allem, was dazu gehört, gestanden. Mit der Burg Greifenstein soll sie ein unterirdischer Gang verbunden haben. Historiker halten nichts von diesem Märchen. Und auch wir Wande-

Das gewaltige Wasserrad der Heroldsmühle

rer können uns kaum vorstellen, wo dieser Tunnel wohl hätte verlaufen sollen. Außerdem hätte er die Leinleiter unterqueren müssen. Eine Burg Rotenstein hat es allerdings in dieser Gegend wirklich gegeben. Diese ist aber schon 1347 zerstört und nie wieder aufgebaut worden. Wo sie genau gestanden hat, weiß bis heute niemand genau zu sagen. Auf dem Felsen, der diesen Namen trägt, allerdings wohl nicht.

Wir kehren zum Wanderweg zurück und gehen in der alten Richtung weiter. Am nächsten Querweg führt der Lehrpfad rechts hinab. Wir passieren eine Schranke, die wohl das Ende des Lehrpfads bedeutet, und wandern nun auf der Straße nach *Burggrub* hinein.

Nach der Brücke, am „Gasthof Hösch" vorbei, finden wir beim Feuerwehrgerätehaus und gegenüber der Toreinfahrt zum Schloß den Wegweiser *Heroldsmühle·Oberleinleiter*. Auf dem kombinierten Fuß- und Radweg kommen wir nach gut einem Kilometer zum Heiligenstädter Ortsteil Oberleinleiter. Im Ort gehen wir geradeaus, am alten Waaghaus vorbei, weiter in Richtung *Heroldsmühle*.

Hoch über dem Dorf leuchtet in auffallend hellem Weiß der **Kreuzstein**. Die Natur hat sich mit ihm einen Scherz erlaubt. Seine ungewöhnliche Form hat er von Wind und Wetter, die ihm durch Jahrtausende hindurch unaufhörlich zugesetzt hatten. Daß er jetzt so hell erstrahlt, kommt von den Reparaturarbeiten, die an ihm ausgeführt worden sind. Der Stein wackelte nämlich und drohte, ins Dorf hinabzustürzen. Jetzt steht er dort oben wieder fest im Fels verankert. Wir werden später noch auf unserer Wanderung an dem seltsamen Stein vorbeikommen.

Bei der letzten Scheune von Oberleinleiter gehen wir die Straße Richtung *Brunn* rechts hinauf. Rechter Hand im Hang finden wir zwei Sommerkeller, frühe Vorläufer unserer Kühlschränke. Gleich nach der Ortsendetafel nehmen wir den Fußpfad, der uns links wieder zum Fluß hinabführt. Kristallklares, aber eisigkaltes Wasser strömt uns entgegen. Wer will, kann seine Füße mal hineinstellen. Vor allem an einem schönen, warmen Sommertag tut das gut.

Im Wiesengrund, der das ganze Tal zwischen den Hängen der Alb ausfüllt, sehen wir nun vor uns schon die **Heroldsmühle**. Die einstige Getreidemühle wird im Jahr 1356 erstmals schriftlich in einem Brief erwähnt. Sie hat einst zur Burg Heroldstein oben auf der Alb gehört. Die ist lange schon zerstört. Lorenz Lieberth als letzter Müller hat die Mühle 1950 stillgelegt. Rund 600 Jahre Mühlengeschichte haben damit ein Ende gefunden. Wegen Einsturzgefahr ist der alte Bau 1973 abgebrochen worden. Nur das riesige Wasserrad ist geblieben. Der Neubau der Heroldsmühle ist heute ein Gasthaus, in dem vor allem Fisch aus eigenen Teichen angeboten wird.

Bevor wir die Wirtschaft selbst erreichen, staunen wir über das gewaltige, über und über mit Moos bewachsene Mühlrad an der Wand der Heroldsmühle. Es dreht sich noch immer im Wasserstrom, schwerfällig, langsam, knarrend – als trage es die ganze Last der Jahrhunderte auf seinen Schaufelblättern. Mit einem Durchmesser von 720 Zentimetern soll es das größte Mühlrad in Deutschland sein.

Die Wanderung führt uns hinter die Heroldsmühle und um einen Fischteich herum zur **Leinleiterquelle**. An mehreren Stellen zugleich sprudelt hier Wasser direkt aus dem Felshang hervor und bildet den Ursprung der Leinleiter. Die größere Quelle liefert das ganze Jahr über Wasser, die kleineren dagegen nebenan versiegen häufig im Sommer.

Wir haben den **Geologischen Lehrpfad** erreicht. Er ist etwas spärlich beschildert. Doch das macht nichts, schauen wir uns statt dessen die schöne Gegend an, die als Naturdenkmal geschützt ist. Immer wieder finden wir kleine Löcher in den Albhängen, unter denen sich Schottersteine angesammelt haben. Dort tritt in besonders feuchten Jahren, oft auch zur Schneeschmelze, Quellwasser hervor.

Diese Löcher sind die „Tummler". Sie werden auch „Hungerbrunnen" genannt, weil sie nicht immer Wasser schütten, also oft „verhungern". Ein großer See soll hier im Untergrund der Fränkischen Alb liegen, erzählen sich die Leute im nahebei gelegenen Dorf Hohenpölz. Ein heftiger Gewitterregen soll vor vielen Jahren eine Gans durch ein Erdloch hinunter in den See gespült haben. Am nächsten Tag sei das Tier gesund und munter aus der Quelle bei der Heroldsmühle wieder ans Tageslicht geschwommen. Niemand muß daran glauben, daß es sich wirklich so zugetragen hat. Aber eine hübsche Erzählung ist es trotzdem, und wer weiß, vielleicht ....

Wir wandern das Trockental der Leinleiter hinauf, folgen dort, wo die Äcker beginnen, dem Wegweiser nach *Hohenpölz*. Bald geht es ziemlich bergan. Vor uns liegt der Ort Hohenpölz. Der pfiffige Kirchturm gehört zur **Laurentiuskirche**, die noch heute mit einer gut erhaltenen Wehrmauer schützend umgeben ist. Der Turm ist gut 700 Jahre alt und war die letzte Zuflucht der Dorfbewohner, wenn in Kriegszeiten feindliche Heere sie bedrohten.

Unser Weg führt nicht nach Hohenpölz hinauf, sondern vorher mit dem Wegweiser rechts zum **Heroldstein**. Dort finden wir die versprochene Aussicht, vor allem hinüber zum westlichen Albrand. Vorbei an den bunten Gruppen der geschützten, blau blühenden Küchenschelle kommen wir auf schmalem Fußpfad zu einer Tafel mit der etwas sehr wissenschaftlich ausgefallenen Beschreibung des Lehrpfades.

Wir ziehen weiter durch lichten Kiefernhain links hinauf und bald zwischen Wald und Ackerrand hin. Am nächsten Asphaltweg gehen wir nach rechts und schauen noch mal zurück nach Hohenpölz. Unter einem Kirschbaum entdecken wir eine Bank. Nach 300 Metern verlassen wir den Asphaltweg, wandern rechts auf dem Schotterweg weiter und bald darauf durch einen Wald.

Am jenseitigen Waldrand halten wir uns auf der Straße wieder links, verlassen sie auf der Höhe vor dem Wäldchen nach rechts, wie es der Wegweiser zu den *Basaltbrüchen* zeigt. Gleich wird Burg Greifenstein wieder sichtbar. Bald darauf treffen wir erneut auf einen Wegweiser zum **Basaltsteinbruch**. Viel zu sehen gibt es dort nicht, außer einem Loch in der Erde. Weil es aber der einzige Platz in der ganzen Fränkischen Schweiz ist, an dem jemals Basalt gebrochen worden ist, gönnen wir uns die 100 Meter Umweg, um den alten Steinbruch anzuschauen.

Anschließend gehen wir in unserer bisherigen Wanderrichtung weiter, am folgenden Abzweig geradeaus und am Waldrand entlang. Nur noch wenige hundert Meter, dann treten wir beim **Kreuzstein** hoch über Oberleinleiter aus dem Wald. Wieder einmal erleben wir eine bezaubernde Weitsicht. Eine Tafel erläutert die Entstehungsgeschichte des Kreuzsteins.

Mit dem Fußpfad wandern wir links weiter, halten uns nach dem Zaun rechts und finden nach 100 Metern mit dem Pfad rechts in den Wald hinein. Achtung – der Abzweig wird leicht übersehen. Für rund einen Kilometer bleiben wir nun auf der Albkante, linker Hand immer die Hochfläche der Alb, rechts der steile Abfall ins Tal der Leinleiter. Immer mal wieder genießen wir von hier schöne Blicke ins Tal und hinüber auf den Altenberg, an dem wir kurz zuvor den Waldlehrpfad entlang gewandert sind.

Wir treten bei einem Fahrweg aus dem Wald und kommen nun rasch zu einen Wanderparkplatz, bei dem ein Holzhäuschen steht. Hier beginnt der **Landwirtschaftliche Lehrpfad**. Auf ihm werden die verschiedenen Bodenarten vorgestellt und der Ackerbau erläutert.

Die folgende Kreuzung überqueren wir, gehen geradeaus am Waldrand hin und wandern bald wieder auf Asphalt. Nun sehen wir wieder Burg Greifenstein. An der nächsten Kreuzung halten wir uns links Richtung Heiligenstadt. Der Greifenstein ist nun ganz nah.

Im Ortsteil „Neumühle" stoßen wir auf die Fahrstraße nach Heiligenstadt. Den letzten Kilometer bis zum Ziel gehen wir für eine kurze Weile entlang der Fahrbahn, dann auf dem Fußweg zurück nach Heiligenstadt hinein.

▷ *Wie kommt man nach Heiligenstadt?*
Von Bamberg aus zunächst in südlicher Richtung auf der B 4 bis Strullendorf, von dort in östlicher Richtung über Mistendorf und Teuchatz nach Heiligenstadt; von Bayreuth aus in westlicher Richtung auf der Bundesstraße 22 bis Hollfeld, von dort über Aufseß nach Heiligenstadt.

❹

○ *Weglänge:*
Der gesamte Rundgang ist gut 18 Kilometer lang. Er verläuft fast ausschließlich eben mit gelegentlichen kleinen Erhebungen. Kurze, kräftige Anstiege erwarten die Wanderer vor dem Parkplatz zum Waldlehrpfad und am Ende des Trockentals der Leinleiter.

☆ *Einkehrmöglichkeiten:*
In *Burggrub* führt unser Weg unmittelbar am „Gasthof Hösch" vorbei. Dienstags ist dort Ruhetag.

In *Oberleinleiter* braut die „Brauerei Ott" schon seit 1516 ihr eigenes Bier. Ihre rustikale Gaststätte ist montags geschlossen.

Auf etwa der Hälfte der Strecke liegt einsam das „Gasthaus Heroldsmühle" mit seinem riesigen Mühlrad. Es ist täglich geöffnet, montags und dienstags allerdings erst ab 17.00 Uhr.

In *Neumühle* liegt der „Gasthof Neumühle", der montags geschlossen ist.

Der Millionär in der Höhle

Auf mancherlei Wegen durchs Ahorntal

Fast wie in einem Schweizer Käse, einem Emmentaler zum Beispiel, sieht es im Untergrund der Fränkischen Schweiz aus – von oben bis unten und an allen Enden durchlöchert. Wirre Höhlensysteme durchziehen das Gebirge. Ihre volle Ausdehnung kann sich bisher niemand vorstellen. Vermutlich wird es nie jemand können.

Mehr als tausend Hohlräume, größere wie kleinere, sind bisher bekannt geworden. Aber sie stellen sicher nur einen Teil dessen dar, was da wirklich im Untergrund verborgen ist. Bestimmt steckt noch sehr viel mehr in den Tiefen der Fränkischen Alb.

Doch neue Höhlen finden zu wollen, ist ein unsicheres Geschäft. Wie oder wo sollte jemand nach ihnen suchen? Es wäre ein schwieriges, wohl fast aussichtsloses Beginnen. Höhlen werden durch Zufall entdeckt oder gar nicht. So einfach ist das.

Eine der wohl imposantesten und reichhaltigsten Höhlen im ganzen fränkischen Land ist die **Sophienhöhle** nah der Burg Rabenstein. Viele meinen gar, sie sei die schönste in Deutschland überhaupt. Seit mehr als 500 Jahren ist sie bekannt, vielleicht sogar noch länger. Niemand weiß, wer als erster seinen Fuß hineingesetzt hat.

Anfangs hieß die Sophienhöhle wohl meist nur das „Ahornloch". Den heutigen Namen hat ihr der frühere Besitzer Graf Franz Erwein von Schönborn-Wiesentheid gegeben – nach seiner vermutlich sehr anmutigen Schwiegertochter Sophie.

Ein ganzes Füllhorn der Schönheit habe die Natur hier ausgeleert, hat ein begeisterter Besucher schon vor mehr als 150 Jahren über die Sophienhöhle berichtet. Tropfsteine in hunderterlei Gestalt seien zu bestaunen.

Nur gut 500 Meter ist der unterirdische Raum insgesamt lang. Den hintersten Abschnitt füllt ein einziger riesiger Saal – 42 Meter tief, gut 25 Meter breit und 11 Meter hoch. Auf dem Weg dorthin aber hat der Besucher schon den „Millionär" gesehen. Als ein gewaltiger Tropfstein hockt er da am Boden. Seinen Namen hat er bekommen, weil früher vermutet wurde, das Riesending müsse sicher eine Million Jahre alt sein.

Inzwischen weiß man, daß die ältesten Tropfsteingebilde in der Fränkischen Schweiz vor höchstens einer Viertelmillion Jahren zu

5

Wandern unter Bäumen und an Flüssen

wachsen begonnen haben. Doch der Millionär soll ruhig seinen Namen behalten. Er steht ihm gut.

Die Sophienhöhle, am Hang des Ailsbachtals, etwa auf halbem Weg zwischen Oberailsfeld und Kirchahorn gelegen, lohnt einen längeren Wanderweg. Sicher könnten wir mit dem Wagen zum Parkplatz am Schweinsberg fahren, aussteigen und in wenigen Minuten zur Höhle und zurück eilen. Davon halten wir aber gar nichts.

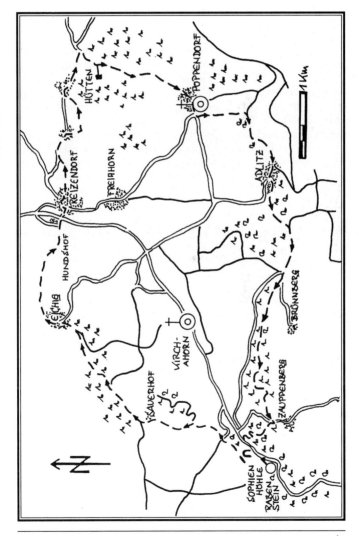

❺

Wir parken zweckmäßigerweise zwar auch am Schweinsberg, doch schauen wir uns erst mal die Gegend rund ums Ahorntal an. „Der Besucher findet eine Landschaft vor", verraten uns die Leute im Hauptort des Ahorntals, in Kirchahorn, „die von den Auswirkungen unserer hektischen Zeit weitgehend unberührt geblieben ist."
Damit haben sie nicht ganz unrecht. Der Wanderer wird's spüren. Und wer gar zur Osterzeit ins Ahorntal kommt, trifft dort noch allerorts die mit buntem österlichen Schmuck verzierten Dorfbrunnen an – herrliche, kunstvolle Gebilde, überschüttet mit unzähligen bunt bemalten Ostereiern.

Vom Parkplatz am Schweinsberg wandern wir die Asphaltstraße rechts hinauf – Richtung Eichig. Der Weg führt an der **Klaussteinkapelle** vorbei. Sie ist wohl der letzte Rest der Burg Ahorn, die hier einmal gestanden hat und noch heute der ganzen Gegend den Namen gibt – „Ahorntal". Die Kapelle kann man durch den Bauernhof hindurch besuchen.
Nach dem Klaussstein gehen wir an der ersten Straßeneinmündung geradeaus im Feldweg weiter, folgen dem Wegweiser nach Haunsberg. Tief unter uns liegt das Ailsbachtal mit der ehemaligen Schweinsmühle. Vor uns auf der Höhe sehen wir das nächste Wanderziel, den Sauerhof. Die Wiesenwege dort hinauf könnten etwas feucht sein.
Beim *Sauerhof* verhalten wir, schauen ein letztes Mal zurück auf die Klaussteinkapelle und Burg Rabenstein. Der weitere Weg verläuft am Waldrand sanft bergan. Wo wir in den Wald eintreten, bleibt die bläulich schimmernde Kuppenlandschaft der Fränkischen Schweiz weit hinter uns zurück.
Wir kommen zum winzigen Ort *Eichig*, durchwandern ihn bis zum Telegrafenmasten mit der Nummer 39. Dort führt unser Weg auf dem Serpentinensträßchen recht steil hinab nach Reizendorf. Wir freuen uns über den weiten Blick auf das im Grund vor uns ausgebreitete Ahorntal. Ein gutes Dutzend kleinerer Orte hat sich in einer Gemeinde unter diesem Namen zusammengeschlossen.
Gleich nach dem Weiler *Hundshof* überqueren wir die Staatsstraße 2185 und bald darauf den Vogelsbach. Der ist hier eher nur ein Graben und mündet ja auch wenig später in den Ailsbach. Bei der Brücke kann man leicht mal mit den Händen ins Wasser langen, und auch die Füße können wir kurz hineinbaumeln lassen.
Bei der Bushaltestelle im Ort Reizendorf wenden wir uns links, gehen gleich darauf aber rechts – Richtung Körzendorf. Nun aufgepaßt! Denn wir wollen ja gar nicht nach Körzendorf. Darum gleich bei der nächsten Haltestelle noch mal rechts.
Das Wegzeichen *Rotes Ahornblatt* zeigt uns nun die Richtung. Wir gehen vom Ortsrand Reizendorf aus auf dem Feldweg geradeaus auf

Vordergereuth zu. Dort finden wir in der Ortsmitte schon wieder eine Bushaltestelle und bei ihr einen Briefkasten. Hier wenden wir uns nach rechts und befinden uns bald wieder auf einem Schotterweg.

Im Wiesengrund unterhalb des Dörfchens *Vordergereuth* wandern wir an der ersten Weggabel links und an der folgenden geradeaus. Das weite, leicht gewellte Ahorntal ist rundum von ausgedehnten, dicht bewaldeten Höhenzügen umgeben. Sie umfassen den weiten Talkessel, wie um ihn vor kalten Winden und allem Unangenehmen zu schützen.

Waldwiesen, Quellen und verwunschene Biotope finden wir hier. Die Marterln und Holzkreuze, die wir am Wegrand passieren, sind stille Zeugen altüberkommener Volksfrömmigkeit. An einem Schafhof vorbei gelangen wir nach *Hintergereuth*, das wir in der Richtung auf Hinterkleebach bald wieder verlassen.

Das Sträßchen führt uns über den Gereuther Aßbach und wenig später an einen auffälligen Straßenknick. Dort biegen wir rechts ein, wandern nun am Weiler *Hütten* vorbei auf Poppendorf zu. Haben wir die Höhenrippe am Waldrand kurz vor Poppendorf erreicht, liegt schon mehr als die Hälfte der ganzen Wanderstrecke hinter uns – zehneinhalb Kilometer.

Wir ziehen nach **Poppendorf** hinein. Wenn ein wenig Zeit übrig ist, besuchen wir die **Ulrichskirche** am Ort. Sie ist 1754 geweiht worden, hat aber einen sehr viel älteren Vorgängerbau. Von ihm stammen die unteren Stockwerke des Kirchturms. Im Inneren der Kirche schauen wir uns die Heiligenfiguren rings an Wänden und Altären an. In ihren Beigaben sind sie leicht voneinander zu unterscheiden.

So sehen wir gleich links vom Eingang Maria mit dem Jesuskind. Daneben sitzt der Heilige Ulrich, Bischof von Augsburg im 10. Jahrhundert, erkennbar an einem Fisch, den er symbolisch in der rechten Hand hält. Es folgen am linken Seitenaltar noch einmal Maria, jetzt mit Krone, Zepter und Kind, sowie Barbara mit dem Turm und Katharina mit dem zerbrochenen Rad. Neben dem Beichtstuhl im Chor der kleinen Kirche ist Johannes Nepomuk zu sehen, als Wächter über das Beichtgeheimnis.

In der Mitte des Hauptaltars erscheint noch einmal Ulrich, seitlich begleitet von Kaiser Heinrich und Kaiserin Kunigunde sowie dem Heiligen Sebastian und Johannes dem Täufer. Der rechte Seitenaltar ist Marias Mutter Anna geweiht, die hier von Apollonia, erkennbar an der Zange, und Margarete flankiert wird.

Die Kanzel zeigt Christus im Kreis der vier Evangelisten. Rechts an der Wand erscheint sitzend jetzt der Heilige Wendelin mit Pferd, Schaf und Ziege als Patron der Hirten und Bauern.

Wir verlassen die Kirche und gehen zurück zur Straße. Am Ortsende halten wir uns links – Richtung *Adlitz*. Nach 300 Metern gehen

Der mächtige Schlund der Sophienhöhle

wir noch mal links, ziehen am Kruzifix vorbei zum Wald hinauf. Bald geht es recht steil bergan, doch nur für kurze Zeit.

Oben an der Straßeneinmündung biegen wir rechts ab und wandern nun auf das Dorf Adlitz zu. In der Ortsmitte halten wir uns links, kommen am leerstehenden, arg ramponierten einstigen **Schloß Adlitz** vorbei. In seinen ältesten Teilen reicht der Bau bis ins 11. Jahrhundert zurück.

Mit steilem Anstieg verlassen wir Adlitz, gehen auf der Höhe am ersten Querweg links und staunen wieder mal über die herrliche Aussicht vom Höhenrand hinab ins Ahorntal. An der nächsten Straße halten wir uns rechts und kommen nun bald zu einem kleinen **Rastplatz** mit Tischen und Bänken und einem Wartehäuschen für die Gäste der Bushaltestelle.

Wir überblicken den gesamten Talkessel, den wir vorhin teils um-, teils durchwandert haben. Auf der Höhe links droben liegt Eichig, der Ort, bei dem wir ins Ahorntal hinuntergestiegen sind.

Erstmals finden wir jetzt ein Hinweisschild zur *Sophienhöhle*. Ihm folgen wir und richten uns dabei nach dem Wanderzeichen *Grünes Ahornblatt*. Nach gut einem halben Kilometer heißt es aufpassen.

Bei dem einsamen Baum rechts an der Straße führt die Wanderstrecke rechts auf dem Feldweg weiter. Zwischen Feldern und an Hecken hin läuft der Pfad zu einem Hochsitz. Unten im Tal liegt der Weiler Brünnberg. Wir biegen rechts ab und folgen im Waldrand immerzu dem *Ahornblatt*.

Nach anderthalb Kilometern treten wir aus dem Wald. Unten liegt der Ort Zauppenberg, in den wir aber nicht hinuntergehen. An der Fahrstraße halten wir uns rechts und bald darauf beim Parkplatz links.

Auf Serpentinenwegen steigen wir ins Ailsbachtal hinab. Bevor wir die Straße unten im Tal erreichen, kommen wir durch die **Ludwigshöhle**, die nur eine große Grotte ist. Sie hat ihren Namen vom Bayernkönig Ludwig I. Der ist hier, wie die Chronik berichtet, „im Jahr 1830 unter großer Anteilnahme der Bevölkerung festlich bewirtet worden".

Nun ist es zur Sophienhöhle nur noch ein Sprung. Wir überqueren die Straße, steigen drüben die wenigen Stufen am Hang hinauf und stehen bald vor dem mächtigen Höhleneingang.

Zum Parkplatz am Schweinsberg wandern wir links an der Höhle vorbei und durch den schmalen Felsdurchbruch. Wir steigen noch einmal bergan, finden Tisch und Bänke, genießen einen letzten schönen Blick ins Tal, auch hinüber zur Burg Rabenstein und kommen in wenigen Minuten zum Auto zurück.

❺

▷ *Wie kommt man zum Parkplatz am Schweinsberg?*
Von Forchheim auf der Bundesstraße 470 in östlicher Richtung oder von Pegnitz aus zunächst auf der Bundesstraße 2 und dann weiter auf der Bundesstraße 470 nach Behringersmühle, dort auf der Staatsstraße 2185 in Richtung Bayreuth bis Oberailsfeld. Dort zur Burg Rabenstein abbiegen und weiter zum Parkplatz am Schweinsberg.

○ *Weglänge:*
20 Kilometer, meist in offenem Gelände, teilweise im Wald. Gelegentlich gibt es ziemliche Anstiege, die aber immer nur kurz sind und rasch bewältig werden.

Sophienhöhle
△ *Öffnungszeiten:* April bis Oktober   10.00–17.00 Uhr
Besuch nur mit Führungen ab fünf Personen

∞ *Eintritt:* Erwachsene   DM 4,00
Schüler und Studenten   DM 3,00
Kinder bis 14 Jahre   DM 2,50
Telefon für Anfragen: 09202/340

☆ *Einkehrmöglichkeiten:*
Dorfgasthäuser gibt es in Reizendorf, Poppendorf und Adlitz. Für diese Strecke empfiehlt es sich jedoch, eine Brotzeit im Wanderrucksack mitzunehmen. Es finden sich unterwegs immer wieder schöne, stille Plätze, an denen man gut ausruhen kann. Keine Feuerstellen.

Eine Höhlenwanderung

Durch den „Hohlen Berg" bei Muggendorf

In der Fränkischen Schweiz zu wandern heißt immer auch, verschlungene Pfade zu gehen, bergauf und bergab zu steigen, viel Neuem und oft Unerwartetem zu begegnen. Stets bleibt so ein Gang durchs „Muggendorfer Gebirg", wie die ganze Landschaft vor gut 200 Jahren, in der Frühzeit ihrer eigentlichen Entdeckung, genannt wurde, abwechslungsreich, voller Überraschung und Spannung.

Vom Dörfchen Muggendorf ausgehend, das heute zum Markt Wiesenttal zählt, haben die ersten Ausflügler, Reisenden, aber auch Wissenschaftler das bergige Land beiderseits des Flüßchens Wiesent erwandert. Daher der frühere Name des Gebirgs. Auch wir wollen dort unsere Wanderung ansetzen.

Ziel sind vor allem zwei Höhlen im Gebirg, die Oswaldhöhle und die Rosenmüllershöhle. Außerdem suchen wir den Aussichtspavillon hoch über dem Wiesenttal auf und die Kappenburg, die es aber eigentlich gar nicht mehr gibt.

In der Vergangenheit hieß die Oswaldhöhle schlicht der „Hohle Berg bei Muggendorf". Sie liegt in 455 Metern Höhe auf dem Osthang des Wiesenttals, ist nur sechs Meter hoch, 12 Meter breit und genau 62,50 Meter lang. Ein kleines Loch nur im Berg, gewiß.

Nicht alltäglich aber ist an ihr, daß man ganz hindurchgehen kann, zum einen Ende hinein und drüben wieder hinaus. Zwischendurch wird es dunkel, auch etwas eng, und den Kopf sollte man einziehen. Doch bis heute hat noch jeder wieder hinausgefunden. Und gefreut haben sich wohl alle, die hindurchgegangen sind, an dem prachtvollen Ausblick, der einen am Südende der Oswaldhöhle belohnt.

Nützlich ist auf dieser Wanderung festes Schuhwerk. Denn oft geht es über nackten Fels, über Baumwurzelwerk und starke Steinbrocken. Eine Taschenlampe kann nicht schaden, damit die Wanderer sich die Oswaldhöhle auch von innen gründlich ansehen können. Schließlich wären ein paar Streichhölzer samt einigen Kerzen von Nutzen – für den zweiten unterirdischen Ort, die Rosenmüllershöhle. Die ist zwar nur wenig länger als die Oswaldhöhle, dazu 11 Meter breit und 16 Meter hoch. Aber in ihr herrscht eben ständig stockfinstere Nacht – und da sollen uns die Kerzen helfen, Licht in das Dunkel zu bringen. Aber auch zur Verzauberung der Höhle werden sie ein wenig beitragen.

❻

Wandern in der Fränkischen Schweiz kostet manchmal Kraft

Doch nun machen wir uns erst einmal auf den Weg zur Oswaldhöhle. Beim Gasthaus „Kohlmannsgarten" in Muggendorf steigen wir die Straße „Lindenberg" hinauf. Der Wegweiser *Oswaldhöhle* zeigt die Richtung. Auf die Entfernungsangabe 500 Meter sollten wir nicht so sehr vertrauen.

Das Wanderwegzeichen des *Senkrechten Roten Strichs* begleitet uns. Nach 200 Metern gehen wir an der Straßengabel rechts weiter im „Dooser Weg". Am nahegelegenen Parkplatz gibt uns eine Orientierungstafel noch einmal Gelegenheit, die Wanderroute gründlich zu studieren.

Hier verlassen wir die Straße und steigen rechts den Waldweg hinauf. Bald geht es einigermaßen steil aufwärts. Dann folgen Stufen und ein Felsensteig mit Geländer. Wir werfen einen ersten Blick hinunter in den Wiesentgrund und auf das soeben hinter uns gelassene Muggendorf.

Ein Wegweiser zur Oswaldhöhle beruhigt uns, weiterhin auf dem richtigen Weg zu sein. Und da liegt die Höhle auch schon vor uns. Eine gute halbe Stunde dürften wir bis hier oben gegangen sein.

Ihren Namen hat die **Oswaldhöhle** wohl von einem Juristen und Schriftsteller aus Erlangen erhalten. Der hatte im Jahr 1793 ein Theaterstück unter dem Titel „Heinrich von Neideck" veröffentlicht. Darin kam der Einsiedler Oswald vor, der das Loch im Hohlen Berg über Muggendorf bewohnte. Das Theaterstück ist vergessen, der Name der Höhle ist geblieben. Ein wirklicher Einsiedler, so versichert die Forschung heute, hat hier nie gelebt.

Wohl aber sind bei genauerem Hinsehen noch letzte bescheidene Mauerreste am Höhleneingang zu erkennen. Der Hohlraum im Berg wird wohl einmal ein Vorratslager gewesen sein oder schlicht ein Bierkeller. Wir wissen es nicht. Auch wird erzählt, in der Höhle hätten sich während des Dreißigjährigen Kriegs immer mal wieder Menschen auf der Flucht versteckt.

Wir durchqueren nun die Höhle, halten uns am jenseitigen Ende links und steigen die 48 steinernen Stufen hinauf. Oben geht's gleich wieder rechts und noch einmal 30 Schritte bergan. Nach weiteren hundert Metern müssen wir recht steil hinab. Auf dem Waldboden mag es bei feuchter Witterung etwas rutschig sein.

Wir kommen zur **Witzenhöhle**. Sie hat eine mächtige Eingangshalle von fast 30 Metern Länge. Ihre Breite mißt zwischen 10 und 16 Metern bei einer Höhe von 3 bis 6 Metern. In der Witzenhöhle soll sich, so wird in alten Texten überliefert, ein Opferaltar befunden haben. Auf ihm sollen Sklaven geopfert worden sein. Daran kann man seine Zweifel haben.

Ziemlich sicher aber ist wohl, daß sich in unsicheren Zeiten Menschen samt ihrem Vieh hineingeflüchtet haben. Der Dichter Ernst Moritz Arndt hat die Witzenhöhle im Sommer 1798 besucht und will damals noch „allerley blättrigen Kuhmist" gefunden haben. „Auch Federvieh", meint Arndt, „haben sie in einer kleinen Seitenhöhle, worin man kaum kriechen kann, gehalten."

Von der Witzenhöhle kehren wir zum Treppenaufgang zurück. Den steigen wir nun bis zum Ende hinauf, gehen oben geradeaus weiter, steigen den Hang hinab und kommen rasch wieder auf jenen Weg zurück, der uns zuvor zum Eingang der Oswaldhöhle geführt hat.

Der Pavillon oberhalb von Muggendorf

Mit leichtem Gefälle wandern wir auf dem Pfad zurück, biegen nach 200 Metern rechts in einen nur schwer erkennbaren Hohlweg ein. Bald darauf überqueren wir eine Fahrstraße, folgen drüben den Wegweisern Richtung *Pavillon, Kappenburg, Felsensteig, Langes Tal.* Aber auch der *Senkrechte Rote Strich* gilt weiterhin als unser Wegzeichen. Ein ausgetretener breiter Waldpfad führt uns bergan.

Wir erreichen den **Pavillon** auf einer einzeln vor der Bergkante stehenden spitzen Felsnadel. Eine hölzerne Brücke führt hinüber. Sitzbänke laden zur Rast. Wir genießen in der Wanderpause den herrlichen Ausblick ins Wiesenttal hinab und weit darüber hinaus.

Weiter geht's auf gutem Weg zur Fahrstraße Doos–Muggendorf hinab. Dort wandern wir das kurze Stück neben der Fahrbahn den Berg hinauf bis zum Parkplatz. Gleich dahinter biegen wir links ein, folgen dem Asphaltsträßchen, betreten nach 200 Metern den Wald und wandern den Wegweisern *Kappenburg* nach.

Von der einstigen Bergfeste ist nichts mehr da. Ein prächtiger Ausblick hinaus ins fränkische Land entschädigt uns für die fehlende Burg. Links am Berghang sehen wir den Pavillon, den wir gerade erst besucht haben.

Wir ziehen weiter, überqueren einen Fahrweg und richten uns nach dem Wegweiser *Langes Tal.* Jenseits des Wegs steigen wir dann allerdings nicht auf der Treppe den Hang hinauf, sondern bleiben auf dem ebenen Pfad. Der bringt uns nach 300 Metern zur **Rosenmüllershöhle.**

Entdeckt hat die Höhle ums Jahr 1790 der amtliche Muggendorfer Höhleninspektor Johann Ludwig Wunder. Dieses wenig bedeutende Amt hatte Wunder von seinem Vater Johann Georg übernommen, als dieser 1799 gestorben war.

Die Höhle selbst aber ist nach dem Erlanger Medizinstudenten Johann Christoph Rosenmüller benannt, der sie 1792 erstmals untersucht und beschrieben hat. Zwei Jahre darauf wurde Rosenmüller mit einer Arbeit über fossile Knochen promoviert. Nur ein Jahr später schon war er Professor für Anatomie in Leipzig.

Über einen 1830 geschaffenen künstlichen Eingang ist die Höhle heute bequem zugänglich. Ihre ersten Erforscher mußten sich noch mit einem Seil von oben her hineinhangeln. Auf dem alten Geländer im Inneren des Berges stecken Kerzenhalter, auf die auch wir jetzt unsere Lichter setzen. Die Höhle ist 72 Meter lang, 11 Meter breit und 16 Meter hoch. Von der Decke, dort wo sich der alte, natürliche Einstieg befand, fällt Tageslicht herein. Die Tropfsteine am Boden sind leider weitgehend von Besuchern zerstört worden. Nur an der Decke sind noch Reste davon erkennbar.

Die ersten Höhlenbesucher haben vor rund 200 Jahren zwei Menschenskelette nahe der Öffnung gefunden. „Anfangs, ehe man sie berührte", schreibt Johann Gottfried Koeppel aus Erlangen, „liegen sie noch der Länge nach hingestreckt, aber sobald man sie antastete, fielen die Knochen auseinander." Koeppel vermutet, es seien die Reste zweier Unschuldiger, die vor langer Zeit ermordet worden seien. „Um sie den Augen der Welt auf ewig zu verbergen, sind sie in jene Klüfte hineingeworfen worden."

Vom Felsvorsprung bei der Rosenmüllershöhle werfen wir noch einen Blick über das Wiesenttal. Dann kehren wir auf dem Weg zurück, den wir hergekommen sind. Auf dem zuvor überquerten Fahrweg wandern wir nun rechts hinab – auf Muggendorf und das Ende des Ausflugs zu.

Wir gehen hier auf dem alten Fahrweg, der vom Tal hinaufsteigt, zum Weiler *Albertshof.* Mächtige Linden säumen den Weg im unteren Teil. An einem abgestorbenen Lindenstamm wächst ein riesiger Ameisenhaufen heran. Wir wandern den Schmiedsberg hinab nach Muggendorf hinein, das wir am „Oberen Markt" erreichen.

▷ *Wie kommt man hin?*
Ausgangspunkt der Wanderung ist Muggendorf an der Bundesstraße 470 zwischen Forchheim und Pegnitz im Wiesenttal. Das Auto kann man auf einem der Parkplätze im Ort, vielleicht am Marktplatz, abstellen.

○ *Weglänge::*
Knapp fünf Kilometer, für die allerdings reichlich Zeit eingeplant werden muß. Zum einen werden die Höhlenbesuche aufhalten, zum andern wird sich jeder auf den Aussichtspunkten gern eine Weile umschauen wollen. Nicht zuletzt geht es auf dieser Wanderung auch immer mal wieder ziemlich bergan, was nicht so sehr Kraft, aber doch einige Zeit kostet. Wer es sich leisten kann, sollte es gemütlich angehen lassen und sich auf einen dreistündigen Ausflug einrichten.

△ *Öffnungszeiten:*
Beide Höhlen sind jederzeit frei zugänglich. Weder gibt es Führungen noch muß Eintritt entrichtet werden.

☆ *Einkehrmöglichkeiten:*
Da wir uns ausschließlich im Wald- und Felsgebirge bewegen, gibt es keinerlei Einkehrmöglichkeit am Weg. Der Ort Muggendorf bietet aber zahlreiche Möglichkeiten, nach dem Ende des Ausflugs einzukehren, auch Gartenwirtschaften.

Blicke in die Vergangenheit

Museum in Tüchersfeld, Brotbäcker in Unterailsfeld

Im Tal des Flüßchens Püttlach, etwa auf halbem Weg zwischen Pottenstein und Gößweinstein, liegt der winzige Ort Tüchersfeld. Auf seinen aufgetürmten Felsspitzen haben einst zwei Burgen gestanden. Die erste ist schon seit dem 26. November 1243 schriftlich bezeugt, die zweite erscheint gut hundert Jahre später erstmals in einer Urkunde, hat aber sicher schon früher dort gestanden.

Errichtet worden sind die beiden Burgen wohl allein deshalb an dieser Stelle, um die uralte Handelsstraße von Hiltpoltstein über Gößweinstein und Oberailsfeld nach Waischenfeld und Hollfeld zu sichern, zu kontrollieren und von den durchziehenden Kaufleuten Zoll zu erheben.

Beide Burgen lagen nur gut hundert Meter voneinander entfernt. Deshalb hat man später wohl auch gern den Erzählungen geglaubt, die von einer ledernen Brücke berichteten. Die soll einst von einer Burg zur anderen gespannt gewesen sein. Burgenkundler halten nichts von solchen Gerüchten.

Von der **Oberen Burg**, die auf dem Felsgetürm westlich der Straße nach Waischenfeld gestanden hat, ist auch bei gründlichster Suche nichts mehr zu finden. Schon in den Hussitenkriegen Anfang des 15. Jahrhunderts wurde sie zerstört, ist aber bald wieder aufgebaut worden. Rund hundert Jahre später war sie aber schon wieder derart baufällig, daß sie aufgegeben wurde und fortan verfiel. Auf Zeichnungen, die in der Mitte des vorigen Jahrhunderts entstanden sind, lassen sich noch einige wenige Mauerreste feststellen.

Die **Untere Burg**, deren Gemäuer sich dicht an die hochragende Felsnadel auf der anderen Straßenseite anschmiegte, ist im Bauernkrieg des frühen 16. Jahrhunderts zerstört worden. Bald wieder aufgebaut, hat sie der Dreißigjährigen Krieg für alle Zeiten vernichtet.

Gegen Anfang des 18. Jahrhunderts haben sich in den Resten der Unteren Burg jüdische Familien aus Bamberg niedergelassen. Bald aber brannte der ganze Häuserkomplex ab. In den Jahren 1758 bis 1762 haben die Juden ihn unter großen Entbehrungen wieder aufgebaut. Daher der Name „Judenhof" für die Baugruppe.

In ihm ist im Jahr 1985 das **Fränkische-Schweiz-Museum** eröffnet worden. Seine Bauten gruppieren sich hübsch malerisch um den Innenhof der einstigen Festung und zeichnen damit ungefähr das mittelalterliche Bild der einstigen Hauptburg nach.

Unter den Felsen von Tüchersfeld

Die nach unseren Vorstellungen teilweise winzigen Räume sind zumeist so belassen worden, wie sie einst bewohnt wurden. In ihnen haben tatsächlich einmal ganze Familien gelebt. Die Ausstellung des Museums spiegelt die Fränkische Schweiz, ihre Menschen und ihre Landschaft, ihre Bräuche, Gewohnheiten und Lebensumstände wieder.

Die geologische Abteilung gibt eine Einführung in die erdgeschichtliche Entwicklung, die archäologische Abteilung in die vorgeschichtlichen und in die geschichtlichen Abläufe. Die voll eingerichteten Wohnstuben lassen einen Eindruck vom Leben in vergangener Zeit aufkommen.

Landwirtschaftliche Geräte werden gezeigt, Trachten, dazu Zeugnisse des Handwerks, des Zunftwesens, der Volksfrömmigkeit. Die Synagoge, das jüdische Bethaus, ist so erhalten, wie sie im Jahr 1762 gebaut worden ist.

Die Felsnadeln und das Museum in Tüchersfeld schließen wir in eine Rundwanderung ein. Sie führt uns von Behringersmühle über Kleinlesau, Ober- und Unterailsfeld zurück nach Behringersmühle.

Bei der Informationstafel an der Püttlachbrücke in Behringersmühle nehmen wir unsere Tour auf. Zunächst überqueren wir vorsichtig die Bundesstraße 470. Drüben an der Bushaltestelle mit der kleinen Sitzgruppe wandern wir auf dem Steg über die Püttlach. Danach wenden wir uns nach links und gehen auf dem Bürgersteig am Hotel vorbei.

Bald führt uns der Weg rechter Hand den Hang hinauf, wie es der Wegweiser *Tüchersfeld* zeigt. Nach zwei Serpentinen und einigen Stufen sind wir schon oben und wandern nun einen zauberhaften Waldpfad entlang. Im sanften Auf und Ab geht es beständig am Hang hin im schattigen Schutz hoher Bäume.

Zwar stört der Autolärm von unten ein wenig. Ist er aber einmal für eine Weile nicht zu hören, dringt das beständige Rauschen der Püttlach bis zu uns herauf. So ein bißchen fühlen wir uns hier wohl in das „Leben eines Taugenichts" versetzt, wie es Josef von Eichendorff vor mehr als anderthalb Jahrhunderten beschrieben hat.

Die ganze Umgebung paßt dazu. Und das Dörfchen Tüchersfeld erst recht. Nur zweieinhalb Kilometer hinter Behringersmühle erreichen wir bereits die spitzen Felsnadeln, auf denen einst Tüchersfelds Burgen gestanden haben. Der Anblick nimmt uns den Atem. Eine ungeheure Landschaft öffnet sich unserem Blick. Wir gehen die kurze Steigung zum **Museum** hinauf.

Nach dem Besuch der Ausstellungen wandern wir weiter zum Ort hinaus Richtung Rackersberg und Unterailsfeld. Am Ortsrand treffen wir auf einen vielfältigen Wegweiser. Wir wählen die Richtung mit dem *Roten Ring* zum Kühloch und zur Sophienhöhle.

Nur 100 Meter nach der Tafel *Ortsende Tüchersfeld* biegen wir links ab, wandern an Weißdorngewächs entlang und unter Obstbäumen hin auf Rackersberg zu. Der kleine Wanderer hoch oben auf dem hübschen Wegweiser gibt uns die Richtung an. Wieder gehen wir in herrlicher Einsamkeit, jetzt einen Grasweg hinauf.

Nach anderthalb Kilometern holt uns die Zivilisation wieder ein – mit einer Teerstraße. Auf ihr gehen wir links mit dem *Grünen Punkt* auf Kleinlesau zu.

Ein Landwirt wirbt dort für das „Einkaufen auf dem Bauernhof" und preist seine Hausmacherwurst an. Gleich darauf wandern wir schräg rechts auf den eigentlichen Ort Kleinlesau zu.

Kurz vor dem anderen Ende des Dorfes entdecken wir an einer Stallwand rechts vom Weg zwei hübsche Malereien. Das eine Bild zeigt einen Fuchs, das andere einen Hasen. Dies könnte tatsächlich die Gegend sein, in der sich Fuchs und Hase gute Nacht sagen.

Weiter geht's Richtung Pfaffenberg. Der Weg führt an einem Waldrand entlang. Wir biegen beim nächsten Wegweiser links ins Ailsbachtal ab, richten uns nach dem *Grünen Kreuz*. Nun liegt der höchste Punkt der Strecke schon hinter uns. Der Feldweg läuft leicht bergab durch Wiesen, Felder, Äcker.

Nach gut einem Kilometer auf diesem Feldweg stoßen wir auf eine Teerstraße. Jenseits davon steigt der Pfaffenstein auf. Wir wandern links hinab und wenden uns gleich darauf an der querenden Straße nach rechts Richtung Oberailsfeld.

Wir kommen hinunter ins Tal des Ailsbachs, der bei Behringersmühle in die Püttlach mündet. Wir brauchen von nun an also nur immerzu bis zum Wanderziel seinem Lauf zu folgen. Rechts liegt das Gasthaus „Hotel Ailsbachtal". Ob sich der kleine Umweg zur Einkehr lohnt? Wer will, kann es tun.

Längs der wenig befahrenen Straße wandern wir auf Oberailsfeld zu. Auf dem Grünstreifen links neben der Fahrbahn halten wir ausreichend Abstand. Bei der Dorfbrauerei erreichen wir **Oberailsfeld**. Den Ort zu besuchen lohnt sich eigentlich nur im Frühjahr. Dann jedoch sollte man einen Abstecher dorthin nicht versäumen, da zu dieser Zeit der Brunnen bei der Kirche seinen Osterschmuck trägt.

Unser Weg führt bei der Brauerei den Hang hinauf. Wir halten uns an den *Grünen Punkt*, der uns bald wieder zum Ailsbach hinabführt. Der plätschert, murmelt und brummelt endlos vor sich hin.

Bald führt der Weg in den Wald hinein, doch das braucht uns nicht zu sorgen. Die Richtung stimmt. Auch der Bach macht hier einen Bogen, und bald sehen wir ihn und das Ortsende von Oberailsfeld wieder – jetzt aus etwas höherer Warte als zuvor.

Wir erreichen **Unterailsfeld**, das wir mit der Wegmarkierung *Blaues Kreuz* durchwandern. Wir kommen an zwei alten Backhäusern vorbei. Beide sind noch (oder wieder?) in Betrieb. Freitags und sams-

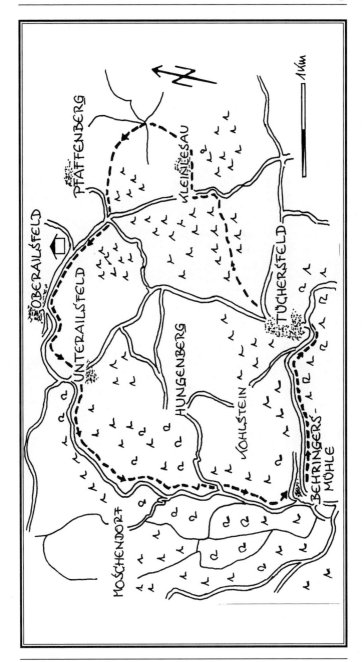

Österlich geschmückter Dorfbrunnen in Oberailsfeld

tags wird ab sieben Uhr in der Früh gebacken – frisches, duftendes und köstlich schmeckendes Steinofenbrot. Beim Backen kann zuschauen, wer früh aufstehen mag. Kaufen kann man in der Regel nicht, weil die Brote meist alle schon vorbestellt sind.

Mit dem Ailsbach wandern wir zum Dorf hinaus. Es geht im Wiesengrund dahin, dann auch im Wald über bloßliegendes Wurzelwerk. Schließlich finden wir nahe dem Bach bei einem Felsklotz eine Ruhebank. Hier gehen wir scharf links den Wiesenweg hinauf, biegen aber bereits nach wenigen Schritten wieder nach rechts in den Wald ein.

Am Ende des Waldes stoßen wir auf eine Straße. Wir gehen rechts hinab und unten geradeaus am Waldrand weiter, also nicht über die Brücke.

Brotbacken in Unterailsfeld

Vor uns liegt nun schon Behringersmühle. Ein Tisch und zwei Bänke könnten noch zu einer letzten Rast auffordern. An einer Tennisanlage und einem Fußballfeld vorbei kommen wir zur letzten Brücke über den Ailsbach. Wir gehen links am Bach entlang bis zur Püttlachbrücke. Dort steigen wir aus dem Bachgrund auf und sind wieder am Ausgangspunkt unserer Wanderung.

▷ *Wie kommt nach Beringersmühle?*
Behringersmühle als Ausgangspunkt der Wanderung liegt im Püttlachtal unterhalb des Städtchens Gößweinstein an der Bundesstraße 470, die Pegnitz mit Forchheim verbindet. Parken kann man im Ort.

○ *Weglänge:*
Die ganze Strecke über Tüchersfeld, Kleinlesau und die beiden Ailsfeld mißt 15 Kilometer. Etwa einen Kilometer kann einsparen, wer beim Landwirt mit dem Kaufladen nicht rechts nach Kleinlesau abbiegt, sondern auf der Straße weitergeht. Das ist aber nicht sonderlich schön. Nahe beim Pfaffenstein treffen beide Routen wieder zusammen.

☆ *Einkehrmöglichkeiten:*
Tüchersfeld hat einige kleine Gasthäuser, ein Café und einen Verkaufsstand mit Imbiß. Am Verkaufsstand findet man auch typische Andenken an die Fränkische Schweiz, darunter manche Millionen Jahre alte Versteinerung.
Auch *Behringersmühle* bietet mehrere Einkehrmöglichkeiten. Am Wanderweg liegt das Gasthaus „Hotel Ailsbachtal", das werktags 11.00–18.00 Uhr, sonntags 11.00–20.00 Uhr geöffnet ist. Kein Ruhetag.

Fränkische-Schweiz-Museum
△ *Öffnungszeiten:* April bis Oktober
　　　　　　　　　dienstags bis sonntags　　　　　10.00–17.00 Uhr
　　　　　　　　　Im Winter sonntags　　　　　　　13.30–17.00 Uhr

∞ *Eintritt:*　　　　DM 3,00

Brotbacken in Unterailsfeld
△ *Öffnungszeiten:*
Freitags und samstags wird ab 7.00 Uhr in alten Backhäusern Brot gebacken. Wer will, kann zuschauen.

Im Reich der schönen Wasserjungfern

Eine Kahnpartie bei der Stempfermühle

Tief im Talgrund der Wiesent unterhalb des Städtchens Gößweinstein steht seit mehr als 600 Jahren schon die Stempfermühle. Seit langem wird dort aber nicht mehr gemahlen oder geschrotet – weder Korn noch Öl.

Das Gasthaus „Stempfermühle", das heute den Namen der Mühle weiterträgt, ist erst 50 Jahre alt. Der Mühlenbau selbst ist in den letzten Tagen des Zweiten Weltkriegs noch zerstört worden. Manches aber erinnert bei der Stempfermühle weiterhin an die lange Tradition des Müllerhandwerks im Wiesenttal.

Das alte Mühlenwehr, das einst die Wiesent aufstaute, damit immer ausreichend Wasser über die Mühlräder fiel, ist noch da. Ohne jeden tieferen Sinn drehen sich dabei drei Wasserräder im Fluß. Eines von ihnen, ein über und über mit Moos bewachsenes Schöpfrad, soll Wasser in einen kleinen Teich heben. Aber es leidet sehr unter seinem Alter. Es dreht sich nur noch mühsam und wird bald ausgedient haben. Das wenige Wasser, das da noch gehoben wird, erreicht kaum den Teich. Auch die hölzerne Rinne, in der es fließen soll, scheint kurz vor ihrem Ende.

In der „Stempfermühle" kann man einkehren, aber nicht nur das. Fast verlockender noch ist eine Kahnpartie auf der Wiesent. Tretboote, Ruderboote und Paddelboote werden nebenan vermietet. In ihnen kann man die Wiesent aufwärts schwimmen. Zwar nur rund 700 Meter, aber durch ein herrliches Stück Flußlandschaft. Die Kahnpartie führt an kleinen Felsinseln entlang, unter überhängenden Sträuchern und Bäumen hindurch, an ganzen Entenfamilien vorüber. Eine halbe Stunde reicht aus, ein paar mal rauf und runter zu schippern.

Zum Parkplatz nah der Stempfermühle kann man mit dem Auto fahren. Schöner wär´s, eine kleine Wanderung dorthin zu unternehmen. Die beginnt oben auf der Höhe über der Stempfermühle am Verkehrsamt des Städtchens Gößweinstein. Dort ist der Wegweiser *Stempfermühle 1,5 km* leicht zu finden.

Der Weg läuft von dort ständig bergab, zumeist an prachtvollen Felsformationen entlang, die aus dem Steilhang des Wiesenttals heraufwachsen. Der dichte Buchenwald verhindert zumeist leider die Aussicht ins Tal hinunter und hinüber auf den jenseitigen Hang.

Kahnpartie auf der Wiesent bei der Stempfermühle

Bei der Mühle drunten im Grund treten **drei Quellen** aus. Sprudelnd schütten sie ihr Wasser in die Wiesent. Daran hat sich schon der Dichter Victor von Scheffel erfreut, als er im August 1859 die Fränkische Schweiz besucht hat. Die Verse, die ihm zur Stempfermühle eingefallen sind, kann man auf einer Tafel bei den Quellen lesen.

Eine traurige Sage spinnt sich um **die alte Mühle**. Tief im Wasser lebten hier einst drei zauberhaft schöne Nymphen, Wasserjungfern. Die stiegen eines Abends aus ihrem feuchten Heim zur Mühle hoch. Droben auf Burg Gößweinstein feierte der Prinz Verlobung. Der fröhliche Klang der Flöten und Schalmeien lockte die Wasserjungfern auf den Berg hinauf. Im Fürstensaal des Schlosses mischten sie sich unter die Festgäste.

Die feiernde Gesellschaft bewunderte die Mädchen. Ihre außergewöhnliche Schönheit fiel allen Gästen auf, betörte gar einen der Junker. Die Wasserjungfern aber tanzten und tanzten während des ganzen frohen Festes über mit und vergaßen darüber die Zeit und kamen zu spät nach Hause in ihr Wasserreich. Der Junker, der ihnen auf ihrer Flucht hinunter zur Stempfermühle gefolgt war, sah dort nur noch einen roten Blutstrom, der ihm aus der Tiefe der Quellen entgegenschwoll. Die drei schönen Nymphen waren, weil sie erst nach dem morgendlichen Hahnenschrei heimgekehrt waren, dem Tod verfallen.

Um nach Gößweinstein zurückzukehren, nehmen wir den Fußpfad, der hinter dem Gasthaus rechts den Hang hinaufläuft. Als Wegweiser wählen wir das Markierungszeichen *Blauer Punkt* oder *Gelber Strich*. Wir kommen erneut durch ein zauberhaftes Felsgebirge. Im oberen Teil des Wegs ist schon im vorigen Jahrhundert eine Rast- und Aussichtsanlage geschaffen worden. Bänke stehen dort, ein eisernes Gitter sichert den Platz. Ihr Ende findet unsere Wanderung beim Gößweinsteiner Rathaus.

▷ *Wie kommt man nach Gößweinstein?*
  Gößweinstein, zu erreichen per Auto oder Bus, liegt an der Bundesstraße 470 zwischen Forchheim und Pegnitz. Die Wanderung beginnt am Verkehrsamt unweit des Rathauses.

○ *Weglänge:*
  Wenig mehr als zwei Kilometer mit allerdings ziemlichem Anstieg auf dem Rückweg

☆ *Einkehrmöglichkeiten:*
  In der „Stempfermühle" oder nach dem Ende der Wanderung in Gößweinstein.

Burg Pottenstein

Ein gastlich Haus für die Heilige Elisabeth

Hinauf zur Burg Pottenstein, hinab zum Schöngrundsee

Pottenstein gilt bei Urlaubern, bei Wanderern und Touristen als der wohl beliebteste Ort der Fränkischen Schweiz überhaupt. Das Dorf mit seinen zwölf Ortsteilen und gut 5 000 Einwohnern liegt am Zusammenfluß von Weihersbach und Püttlach. Beide haben ihr Bett im Lauf der Jahrzehntausende tief ins Felsgestein der Fränkischen Alb geschnitten.

Hoch über dem Ort thront auf steilem Fels seit mehr als 1000 Jahren schon Burg Pottenstein. Heute kann man mit dem Auto bis vor das Burgtor fahren. Der Parkplatz dort oben ist aber recht klein und im Sommer bald überfüllt.

Wir wollen deshalb und weil es so mehr Spaß macht, zu Fuß und auf ein paar verschlungenen Pfaden zur Burg hinaufsteigen, auf der vor mehr als 750 Jahren für kurze Zeit die Heilige Elisabeth zu Gast war. Auf ihrer Flucht von der Wartburg bei Eisenach am Rande des Thüringer Waldes hinüber nach Marburg an der Lahn soll sie sich für eine Weile auf Burg Pottenstein aufgehalten haben. Ob sie wirklich hier war, ist noch immer nicht völlig bewiesen.

Unsere Wanderung führt anfangs durch das enge Tal der Püttlach, bald den Bernitz-Berg hinauf, am „Waldtempel" vorbei und an der Hasenlochhöhle, schließlich zur Burg hoch und zur Burgbesichtigung – oder zum Schöngrundsee hinab und zum Kahnfahren.

Der „Elisabethbrunnen" am Pottensteiner Marktplatz ist Ausgangspunkt der Wanderung. Von dort gehen wir die „Hauptstraße" hinauf bis zum „Löhrgäßchen". Dem folgen wir nach rechts und wandern nun bald an der Püttlach hin. Wir richten uns für die weitere Strecke zunächst einmal nach dem Wegzeichen *Grüner Punkt*.

Bald geht es auf einem Waldweg rechts den Hang hinauf, rund 1 000 Meter weit, mal mehr, mal weniger steil bis zum „Waldtempel". Zwei Ruhebänke stehen dort bei einem hohen Holzkreuz. Gleich dabei liegt die **Hasenlochhöhle**.

In ihr hat sich vor langer Zeit der Höhlenpöpel versteckt gehalten. So erzählen die Leute unten in Pottenstein. Einmal hat er sich in einen weißen Hasen verwandelt. Da hat er einige Pottensteiner Buben, die den sonntäglichen Gottesdienst schwänzten und nun im Wald umherstreiften, bis vor die Höhle gelockt.

Ein ganz verwegener unter den Burschen ist dem Höhlenpöpel sogar bis in sein unterirdisches Reich hinein nachgestiegen. Nach einer Weile hat er tief drinnen in der Höhle ganz fürchterlich zu schreien angefangen. Aus lauter Angst vor dem Pöpel sind die anderen Hals über Kopf davongerannt – zurück nach Pottenstein.

Von dort haben sich sogleich ein paar Männer auf die Suche nach dem vermißten Buben gemacht. Tot haben sie ihn in der Höhle gefunden. Der Höhlenpöpel, so sagten sie, sei schuld daran. Seitdem heißt die Grotte die „Hasenlochhöhle".

In dem frei zugänglichen Hohlraum unter der hohen Felswand sind versteinerte Knochen vom Mammut, auch von Rentier und Nashorn gefunden worden. Ob sich in grauer Vorzeit auch Menschen in der Höhle aufgehalten haben, ist bislang nicht sicher festgestellt.

Wir setzen die Wanderung fort, treten bald bei einer Wiese aus dem Wald hinaus. Auf einem Asphaltweg geht's erst mal bergab. Unter einer Linde am Weg steht die *Hofmannskapelle*. Der Blick geht von hier oben weithin über die Alb.

Knapp einen halben Kilometer nach der Kapelle liegt links unterhalb unseres Wegs das Schullandheim Pottenstein. Immer auf dem Sträßchen bleibend kommen wir nach knapp 1 000 Metern zur *Burg Pottenstein*. Von dort führt der Weg direkt hinunter und zum Ort zurück.

Beim Schullandheim könnte unsere Wanderung auch einen ganz anderen Verlauf nehmen. Wenn wir Burg Pottenstein nicht besuchen wollen, achten wir oberhalb des Schulheims auf den Wegweiser *Schwimmbad Schöngrundsee*. Er hängt linker Hand an einem der Alleebäume, unter denen wir hier gehen.

Nun ist der See selbst zwar kein Schwimmbad, war auch nie eins. Aber gleich nebenan ist das Pottensteiner *Felsenbad*, einzigartig schön in die Felslandschaft des Weihersbachtals eingepaßt. Nur ist es zur Zeit aus Alters- und Sicherheitsgründen geschlossen. Auf dem Schöngrundsee aber kann man rudern und mit Tretbooten fahren.

Hinunter zum See halten wir uns wie bisher an die Markierung *Grüner Punkt*. Der Weg läuft bald nur noch bergab. Nach knapp anderthalb Kilometern stoßen wir unten im Tal des Weihersbachs auf die Bundesstraße 470. Wir überqueren sie und sind am *Schöngrundsee*.

Der Weg zurück nach Pottenstein führt hinter dem Verkaufsstand am See nach rechts. Wir wandern mit dem Weihersbach abwärts auf Pottenstein zu. Nach 900 Metern sind wir am großen Parkplatz beim Ortseingang.

▷ *Wie kommt man nach Pottenstein?*
Pottenstein liegt an der Bundesstraße 470, die zwischen Pegnitz und Forchheim die Fränkische Schweiz durchquert. Im Ort selbst zu parken kostet Geld und ist zeitlich begrenzt. Darum empfiehlt es sich, das Auto auf dem großen Parkplatz an der Bundesstraße vor dem Ortseingang kostenlos und für unbegrenzte Zeit abzustellen.

○ *Weglänge:*
Vom Marktplatz in Pottenstein bis zum Schullandheim sind es drei Kilometer, die zumeist bergan führen, aber nicht sonderlich anstrengend sind. Vom Schullandheim über Burg Pottenstein hinab und zurück zum Ort zwei Kilometer. Vom Schullandheim über den Schöngrundsee nach Pottenstein drei Kilometer. Insgesamt also sind das je nach Streckenwahl fünf oder sechs Kilometer.

Burg Pottenstein
△ *Öffnungszeiten:* Mai bis Oktober
dienstags bis samstags   10.00–17.00 Uhr

∞ *Eintritt:*   Erwachsene   DM 4,50
Kinder zwischen 6 und 14 Jahren   DM 3,00

☆ *Einkehrmöglichkeiten:*
Ein Kiosk am Schöngrundsee hält kleine Speisen und Getränke bereit. Ansonsten empfiehlt es sich, nach der Rückkehr in Pottenstein einzukehren.

Frau Holle ist verschwunden
Über den Kleinen Kulm zum Hollenberg

Frau Holle, mal die gute, mal die böse Märchenfee, hat vielerlei Wohnsitze in deutschen Sagen und Erzählungen. Sogar in der Fränkischen Schweiz soll sie daheim gewesen sein, hat sie guten Menschen geholfen, böse gestraft.

Auf dem Hollenberg, knapp westlich des Städtchens Pegnitz, haben ihr die Einwohner von Elbersberg und der benachbarten Dörfer in ihren Erzählungen einen Wohnsitz zugewiesen. Frau Holle habe ihr Haus auf dem Berg immer in der Nacht verlassen, wird erzählt.

Dann habe sie beim Bauern und beim Müller all die schwere Arbeit, die am Tag nicht fertig geworden war, verrichtet. Auch beim Köhler und bei mancher Waldarbeit hat sie unerkannt geholfen. Doch schließlich hat sie den Hollenberg verlassen, weil ihr Neugierige immer wieder aufgelauert und üblen Schabernack mit ihr getrieben haben.

Mag Frau Holle heute auch nicht mehr in der Gegend um Elbersberg anzutreffen sein, was bleibt, ist der Hollenberg, der die Landschaft noch immer in eindrucksvoller Höhe überragt. Von den Mauerresten der einstigen Burganlage auf seinem Gipfel bietet sich dem Auge einer der schönsten Rundblicke der Fränkischen Schweiz.

Auf einer Wanderung, die in Körbeldorf beginnt und gleich noch einen weiteren Berggipfel, den Kleinen Kulm, erklimmt, wollen wir zum Hollenberg, dem Berg der Frau Holle, ziehen.

Bei der Laurentiuskapelle verlassen wir den Ort Körbeldorf auf dem Asphaltsträßchen Richtung Büchenbach. Nach 200 Metern schon weist uns das Wanderzeichen *Roter Punkt* nach links in einen Feldweg und zum dicht bewaldeten Kleinen Kulm hin. Den Aussichtsturm auf seinem Gipfel kann man von hier unten nicht erkennen.

Bei der Bank am Rand des Kiefernwaldes führt unser Weg in den Forst hinein. Bald geht es recht steil bergauf. Wir treten aus dem Wald, steigen am jenseitigen Waldrand links weiter hinauf – immer dem *Roten Punkt* nach.

Nur 1 000 Meter sind es von der Laurentiuskapelle bis oben zum Gipfel des Kleinen Kulm. Zur Aussichtsplattform führen 24 hölzerne Stufen hinauf. Ein bißchen enttäuscht mag sein, wer oben angekommen ist. Die umstehenden Bäume lassen nur wenige Lücken, um die Landschaft zu betrachten. Gut zu erkennen ist eigentlich nur die Laurentiuskapelle, an der wir unsere Wanderung begonnen haben – schade.

Nach einer kurzen Rast, vielleicht in der Schutzhütte unten am Fuß des Aussichtsturms, suchen wir den Wegweiser Richtung *Bodendorf, Trockau*. Ihm folgen wir bergab, um auf einigen Zickzackwegen den nächsten Berggipfel zu ersteigen, den Warenberg mit den Ruinenresten der Burganlage Wartberg.

Der Weg Richtung Bodendorf führt uns bald am Waldrand zu einer kleinen, wenig auffälligen Bauschuttdeponie. Dort gehen wir links auf dem Grasweg in den Wald hinein, folgen also nicht rechts dem Fahrweg. Nach 200 Metern treffen wir auf einen querenden Grasweg, auf dem wir rechts hinunter zum Waldrand gehen.

Unten am Waldrand wandern wir links zur Waldecke mit dem Jägerhochstand. Von dort treten wir nach rechts mit dem Feldweg ins Freie, wenden uns nach 50 Metern wieder nach links und gehen nun auf das vor uns liegende Haselstrauchwäldchen zu.

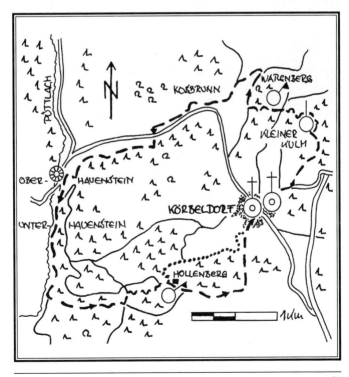

Stilles Flußtal in der Fränkischen Schweiz

Gleich nach dem Strauchgebüsch halten wir uns wieder links. Zum vor uns liegenden Waldrand geht es leicht bergan. Die Autobahn mit ihrem störenden Fahrzeuglärm bleibt hinter uns zurück. Auf dem Berggipfel oberhalb der nackten Felswand rechts vom Weg hat vor Jahrhunderten die Burg Wartberg gestanden.

In der Waldecke vor uns finden wir eine Tafel, die den **Burgstall Wartberg** beschreibt. Mitte des 12. Jahrhunderts ist die Feste erbaut und gut 400 Jahre später im Krieg zerstört worden. Seither ist sie eine Ruine. Die aber ist mittlerweile völlig verschwunden. Die Menschen in den umliegenden Dörfern haben sie als Steinbruch genutzt und aus dem Mauerwerk ihre Häuser gebaut.

Knapp 100 Meter nur sind es hinauf zum Platz, an dem die Burg gestanden hat. Wir finden noch den einstigen Burggraben, mehr aber nicht. Durch wildes Unterholz schlagen wir uns zu den paar Felsklippen durch, die einmal die Burgmauern getragen haben. Einen kurzen Blick werfen wir zur Autobahn hinüber. Dann machen wir uns von der Tafel her auf den weiteren Weg.

Wir richten uns von nun nach dem Wanderzeichen *Gelber Punkt*. Der bringt uns zum Dorf Kosbrunn. Nach einer kleinen Waldlücke überqueren wir einen Grasweg, gehen links und sogleich wieder rechts. Wir treten aus dem Wald und sehen unten in wunderschöner Lage Kosbrunn. Ringsum bewaldete Höhen, die Hänge mit kleinen Busch- und Waldstücken durchsetzt, grasende Kühe, Stille.

Der *Gelbe Punkt* führt uns am Hang nach rechts. Die einsame Leuchte auf dem hohen Mast kündet von vergangenen Zeiten, als hier noch Skilauf möglich war. Jetzt braucht sie keinem nächtlichen Sportler mehr zu leuchten. Auch der Skilift ist längst abgebaut. Die Schneeverhältnisse hier sind nicht mehr die alten.

Wir wandern auf fast ebenem Weg am Hang entlang, zunächst am Rand des Waldes, dann in den Wald hinein. Am Ende des Wegs gehen wir links ins Tal hinab, kommen an Fischteichen vorüber nach *Kosbrunn*. Mitten im Dorf erwarten uns eine herrlich gewachsene Linde und eine Birke. Dort gehen wir nach rechts.

Gut vier Kilometer haben wir bisher zurückgelegt – Zeit für eine Rast. Vielleicht beim Landgasthof „Jägersruh" am Ortsende. Dort gibt es auch ein kleines Spielfeld und einen Platz mit allerlei Spielgerät, die nicht zum Gasthof gehören.

Nach der „Jägersruh", aber noch vor dem Ortsschild wenden wir uns rechts und wandern nun – immer noch mit dem *Gelben Punkt* – auf dem Feldweg oberhalb des Grießbachs zum Dorf hinaus. Nach einem halben Kilometer folgen wir dem nach links abknickenden Weg, kreuzen die Straße und steigen zum jenseitigen Waldrand hoch. Oben halten wir uns rechts – wie der *Gelbe Punkt*.

Nun geht's immer am Hang hin, mal im Wald, mal ein Stück an seinem Rand entlang. Nach knapp 1 000 Metern verlassen wir den

Wald endgültig. An Obstbäumen vorüber, die im Frühherbst herrlich wohlschmeckende Äpfel tragen, gehen wir hinunter ins Tal – der Oberhauensteiner Mühle zu.

Auf der Straße unten wandern wir links. Nach nur 100 Metern schon verlassen wir sie und gehen vor der Brücke links auf dem Waldweg weiter. An diesen Weg halten wir uns nun. Nach knapp anderthalb Kilometern zweigt rechts ein Weg ab. Wir richten uns nach dem Wegweiser zum *Landgasthof Schatz*.

Dasselbe tun wir nach einem weiteren Kilometer noch einmal. An dem leicht verschobenen Wegkreuz stehen eine Bank und ein Kruzifix. Wir gehen links und gleich darauf rechts Richtung Landgasthof „Schatz". Nach einem letzten kräftigen, aber kurzen Anstieg sind wir in Hollenberg.

Schafe gehören zur Fränkischen Schweiz wie ihre Höhlen, Burgen und Felsen

Dort ist über das weitere Vorgehen zu beraten, am besten bei einer Verschnaufpause auf der Terrasse beim Gasthof. Wir können von hier aus entweder direkt in der bisherigen Richtung weitergehen und kommen dann nach zwei Kilometern Wanderung auf der kaum befahrenen Straße zurück nach Körbeldorf.

Besser wäre es, nun erst mal hinaufzusteigen zur *Ruine Hollenberg*, auch wenn uns Frau Holle dort nicht mehr erwartet. Der Weg beginnt gegenüber vom Gasthof. Er steigt mäßig bergan, mal als Pfad, mal als bescheidene Steintreppe. Oben bietet sich uns ein wunderschöner Blick über die bis zum Horizont sich wellenden, dicht bewaldeten Höhenzüge der östlichen Fränkischen Schweiz.

Auch ein Abstecher zur **Zwergenhöhle** lohnt sich. Dazu brauchen wir nur dem kleinen Wegweiser zu folgen, den wir am Pfad zur Ruine Hollenberg finden. Knapp 200 Meter nur sind es zur Höhle, mal bergab, dann wieder hinauf.

Allerdings ist Vorsicht geboten. Bei feuchtem oder gar regnerischem Wetter sollte die Höhle nicht aufgesucht werden. Der Hang wird glitschig. Auch bei trockenem Wetter ist er nicht ganz ungefährlich. Kinder sollten auf alle Fälle unter Aufsicht bleiben und sich nicht unterwegs heimlich davonstehlen können.

Hier an der Zwergenhöhle wird auch verständlich, woher der Hollenberg seinen Namen hat. Von „hohler Berg" soll er abgeleitet sein. Und die Zwergenhöhle ist ein gutes Beispiel für einen hohlen Berg.

▷ *Wie kommt man zum Parkplatz bei der Laurentiuskapelle?*
Von Pegnitz auf der Kreisstraße 26 nach Körbeldorf. Dort zum Ortsrand Richtung Büchenbach und zum Parkplatz bei der Laurentiuskapelle.

○ *Weglänge:*
Die vorgeschlagene Route ist rund zwölf Kilometer lang. Der Aufstieg zum Kleinen Kulm kostet etwas Kraft, der zum Wartberg kaum. Auch zur Ruine Hollenberg kann man leicht hinaufsteigen. Die Strecke verläuft etwa zur Hälfte im Wald, ansonsten im Freien.

☆ *Einkehrmöglichkeiten:*
An der Strecke liegt nach knapp fünf Kilometern in Kosbrunn der Landgasthof „Jägersruh". Bei ihm wartet auch ein Spielplatz mit einigem Gerät.
Nach zehn Kilometern treffen wir in Hollenberg auf den Landgasthof „Schatz", der montags Ruhetag hat.

Von Schöpfrad, Kirschenfest und Mühlrädern

Pretzfeld, Ebermannstadt und Burg Schlüsselstein

Wo die Trubach in die Wiesent mündet, liegt Markt Pretzfeld. Mit einigem Stolz nennt sich der 2 200 Einwohner zählende Ort „das Tor zum Trubachtal". Er ist eine der ältesten Ansiedlungen der Fränkischen Schweiz überhaupt. Seine Gründung wird auf die Zeit um das Jahr 800 angesetzt, also zur Zeit Kaiser Karls des Großen.

Heute ist Pretzfeld der Mittelpunkt des Kirschenanbaus in Franken. Darüber hinaus gilt es mit seinem Obst- und Gemüsegroßmarkt als Zentrum des größten zusammenhängenden Süßkirschenanbaugebietes in ganz Europa. Jeweils Mitte Juli feiern die Pretzfelder im „Kellerwald" an den Hängen oberhalb ihres Ortes sechs Tage lang ihr Fränkisches Kirschenfest. Höhepunkt ist der Trachtenumzug am Sonntag der Festwoche.

Am „Kirschenfestparkplatz" außerhalb des Dorfes beginnen wir denn auch unsere Wanderung. Sie wird uns durch die weite Talaue der Wiesent zunächst nach Ebermannstadt führen. Von dort werden wir die östlich gelegenen Berghänge hinauf zur Wallerwarte steigen und weiter auf meist ebenen Wegen auf der Höhe an den Resten der Burg Schlüsselstein vorüber zum „Judenberg" wandern. Schließlich steigen wir, am alten jüdischen Friedhof vorbei, wieder nach Pretzfeld hinab.

Wir stellen also unseren Wagen auf dem „Kirschenfestparkplatz" ab und gehen zunächst die Fahrstraße hinunter in den Ort Pretzfeld hinein. Dort kommen wir an der katholischen **Kilianskirche** vorbei. Sie zählt zu den schönsten Landkirchen Frankens und ist in den Jahren 1741 bis 1761 als Rokokobau entstanden.

Entworfen und gebaut hat die Kirche der Bamberger Hofarchitekt Johann Jakob Küchel. Darüber muß man sich eigentlich wundern. Denn Küchel war zuvor beschuldigt worden, für den Einsturz des Turms der Vorgängerkirche verantwortlich gewesen zu sein.

Im Jahr 1739 nämlich war die Spitze des alten Turms abgetragen worden. Dann hatte Baumeister Küchel den Turmstumpf um sieben Meter erhöht. Das aber ging nicht gut. Am 22. September stürzte der neue Turm in sich zusammen und begrub das Kirchenschiff samt einigen umstehenden Häusern unter sich.

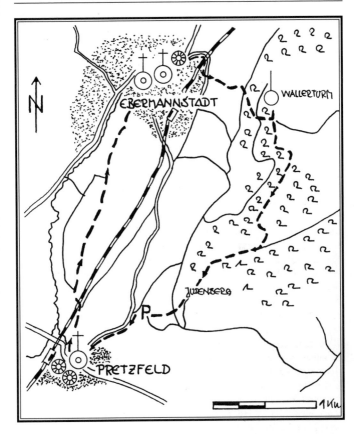

In einem Gutachten machte der schon damals überaus berühmte Barockbaumeister Balthasar Neumann den Architekten Küchel für das Unglück verantwortlich. Der prozessierte gegen diesen Vorwurf fast ein Vierteljahrhundert lang, ehe 1762 ein Vergleich geschlossen wurde. Die Zwischenzeit nutzte Küchel zum Neubau der Pretzfelder Kirche. Wegen der kriegerischen Verwicklungen jener Zeit zog sich das Bauen zwanzig Jahre hin.

Durch die „Walter-Schottky-Straße" wandern wir in Richtung Forchheim. Gegenüber dem Gasthaus „Zur Sonne" steht, was von den einstigen Mahl- und Schneidmühlen Pretzfelds, der **Oberen Mühle** und der **Unteren Mühle,** geblieben ist.

Im Jahr 1814 heißt es im Gewerbesteuerkataster von Ebermannstadt über die Pretzfelder Mühlen: „Jede der beyden Mühlen ist mit zwey Mahlgängen und einem Schnaidgange versehen, allein so wie sich in der Nähe des Ortes Pretzfeld mehrere Mühlen befinden, aber so wird schon durch die Nachbarschaft zweyer Mühlen in Einem Orte der Nahrungsstand gehemmt. Keiner der Berechtigten findet daher für zwey Mahlgänge volle Beschäftigung."

Mühlenromantik und beschaulich klappernde Mühlräder sichern für sich allein nicht das Auskommen des Müllers. Es war zu allen Zeiten ein hartes Brot, das er sich zu verdienen hatte. Wenn wir uns heute an denkmalgeschützten Mühlen erfreuen, sollten wir daran denken, wie beschwerlich der Alltag eines Müllers früher gewesen ist.

Wenn der Müller, wie das Volkslied besingt, auf Wanderschaft gegangen ist, dann gewiß nicht aus reiner Lust am Reisen. Bittere Not drängte ihn, sich auswärts für eine Lehre zu verdingen oder nach einem Arbeitsplatz zu suchen. Und wenn es im anderen Lied heißt, „bei Tag und bei Nacht ist der Müller stets wach", läßt auch dies wohl kaum auf ein fröhliches und leichtes Leben schließen.

Doch nun weiter in Richtung Forchheim. Vor dem Bahnübergang am Pretzfelder Ortsrand wandern wir rechts in den Schotterweg hinein. Wir folgen dem Wegweiser *Leo-Jobst-Weg* mit seinem *Roten Kreuz*, zugleich dem *Talweg* mit dem *Gelben Waagrechten Strich*.

Bald überqueren wir mit dem Feldweg die Bahnlinie, verlassen hier den „Leo-Jobst-Weg" und richten uns nur noch nach dem *Gelben Strich*. Auf der Nebenbahnlinie Forchheim–Ebermannstadt herrscht meist lebhafter Zugverkehr. An jedem Bahnübergang ertönt kraftvoll das Warnsignal der Lok.

Vor uns liegt **Ebermannstadt**. Seine Kirchtürme blinzeln schon eine ganze Weile zu uns herüber. Besonders auffällig ist der spitze Helm der Stadtkirche Sankt Nikolaus. Von Süden her wandern wir in den Ort hinein.

Vor anderthalb Jahrtausenden mag der erste Siedler sich hier in einer Schleife der Wiesent niedergelassen haben. „Ebermarestad" heißt der Ort in einer Urkunde von 981. Die Marienkirche wird 1392 schon erwähnt.

Wir betreten den Ort auf der Straße „Am Kirchenwehr", kommen durch die „Hauptstraße", gehen „Am Marktplatz" entlang und stoßen am jenseitigen Altstadtrand bei der Wiesentbrücke auf das Ebermannstädter **Schöpfrad**. Das dreht sich unaufhörlich und gießt sein in hölzernen Butten geschöpftes Wasser in eine Rinne, in der es dann abläuft. Das geschieht heute völlig ohne tieferen Sinn, einfach nur so, ist aber hübsch anzuschauen. Bis vor wenigen Jahrzehnten hat das Schöpfrad noch eine wichtige Aufgabe für die Stadt erfüllt. Sein Wasser durchfloß in einem gemauerten Bachbett die ganze Straße vom einen Stadttor zum anderen.

Aus Wohnhäusern und Ställen, von den Ochsen- und Pferdefuhrwerken in den Straßen und vom Vieh- und Schweinemarkt führte das Wasser sämtlichen Unrat mit sich und spülte ihn am Ende in die Wiesent. Stadt- und Straßenreinigung in einem, Müllabfuhr und

Der Schöpfbrunnen von Ebermannstadt

Bei der ehemaligen Obermühle von Pretzfeld

manchmal auch Kindervergnügen, alles dies besorgte das Schöpfrad mit seinem unaufhörlich fließenden Wasser.

Jenseits des Flusses gehen wir rechts die Wiesent aufwärts bis zur zweiten Fußgängerbrücke. Dort hinüber und nun weiter mit dem Wanderzeichen *Blauer Senkrechter Strich*. Der Weg führt zwischen Häusern bergan und bald auf einer Brücke über die Bahnlinie. Durch den Stadtpark mit Kinderspielplatz, vorbei an einem Brunnen und einer Kneippanlage kommen wir zur Feldkapelle am Ortsrand von Ebermannstadt.

Hier beginnt nun der schwierigere Teil der Wanderung. Für einige hundert Meter müssen wir uns auf einen steilen Anstieg einrichten. Wir folgen von der Kapelle her dem Wegweiser *Wallerwarte*. Es geht den Hang hinauf. Bald treffen wir auf die erste Station eines Kreuzwegs. Ihn ziehen wir langsam aufwärts. Nach der fünften Station folgt eine kurze Treppe, danach überqueren wir einen Weg und gehen weiter bergan.

Als wir diesen Weg zum erstenmal selbst hinaufgestiegen sind, wurden wir von einem Buchfinken begleitet, der spielerisch und leicht neben uns bergauf hüpfte, uns immer ein paar Schritte voraus. Er schien ganz zutraulich und gar nicht furchtsam. Vielleicht hat er heimlich über uns, die wir uns so anstrengen mußten, gelacht. Bald sprang auch ein Häslein am Wegrand auf und jagte behende bergan davon.

Schließlich erreichen wir das Ende des Kreuzwegs und damit auch das Ende der Steigung. In einer großen offenen *Kapelle* ist die Kreuzigung Christi auf dem Berg Golgatha dargestellt.

Wir biegen links in den eben verlaufenden Weg ein. Er führt hinter einem Fernmeldeturm vorbei und bringt uns nach 200 Metern zur **Wallerwarte**. Auf 52 Holzstufen, verteilt über fünf Treppen, erklimmen wir den Turm. Eine kaum vorstellbar herrliche Aussicht erwartet uns oben.

Zu unseren Füßen liegt Ebermannstadt, das wir doch eben erst verlassen haben. Und nun schauen wir von oben in seine Altstadtgassen hinein. Der ganze Stadtkern liegt wunderbar vor uns ausgebreitet. Von hier können wir noch einmal verfolgen, wie wir die Stadt durchwandert haben.

Dazu fangen wir links hinten bei der Wiesentbrücke an. Durch die Hauptstraße führte uns der Weg, über den Marktplatz bis hin zum Schöpfrad. Schön von hier oben zu erkennen ist auch der Stadtpark mit der Kapelle an seinem Rand, schließlich der Pfad, der uns den Berg hinaufgeführt hat. Selbst der Weg, der uns von Pretzfeld nach Ebermannstadt gebracht hat, ist weit links draußen zu erkennen.

Unten im Turm entdecken wir eine Tafel, die uns sagt, wer das Bauwerk errichtet hat. Außen über dem Eingang stehen die Jahreszahlen seiner Erbauung: 1929 – 1931.

Ebermannstadt von der Wallerwarte aus gesehen

Nun wenden wir uns wieder zurück zur Kapelle mit dem Golgathabild. Wir verlassen für einen kurzen Moment den Wald, betreten ihn jedoch sogleich wieder, indem wir uns nach rechts wenden. Dort wandern wir dem Wegweiser *Pretzfeld Judenfriedhof* nach.

Nur 200 Meter sind es bis zur ehemaligen **Burg Schlüsselstein**, die hier wohl um das Jahr 1219 auf dem Berg errichtet worden ist. Ein rühriger Wanderfreund hat nahebei eine selbstgezeichnete Skizze an einen Baum genagelt. Darauf ist alles gesagt, was er zur Burg und ihrer Geschichte in Erfahrung gebracht hat. Artig bedanken wir uns in Gedanken bei unserm unbekannten Helfer.

Nachdem wir auch hier, von den letzten Resten des Schlüsselstein aus, noch einmal ins Tal hinabgeschaut haben, kehren wir zur Wegkreuzung im Wald zurück. Von dort gehen wir rechts mit dem *Blauen Senkrechten Strich* als Wegzeichen weiter.

Wir wandern anfangs auf einem meist eben verlaufenden Waldpfad; nur hin und wieder geht es ein wenig bergab und bergauf, doch nicht anstrengend. Um uns herum nur herrlicher Hangwald.

Ein breiterer Forstweg nimmt uns auf, der bisweilen als Hohlweg verläuft und schließlich in einen festen Fahrweg mündet. Dort liegt links hinter mancherlei Buschwerk versteckt der alte Pretzfelder **Judenfriedhof**. Eine hohe steinerne Mauer umschließt ihn. Die Eingangspforte befindet sich links von unserer Route am Hauptweg. Sie ist ständig geöffnet.

Die Wanderung auf Pretzfeld zu führt rechts vom Friedhof auf dem Weg bald bergab. Wir erreichen ein Asphaltsträßchen, das uns nach gut einem halben Kilometer zu den **Pretzfelder Kellern** führt. Was in den Sommerkellern einst alles eingelagert gewesen sein mag, ist an manchem hübschen Symbol, auch an Figürchen abzulesen, die über und seitlich der jeweiligen Eingangstür angebracht sind.

Mehrfach erkennt man da Weinfässer. Auf einem hockt breit grinsend ein Zwerg. Bei den Kellern sind hölzerne Sitzgruppen aufgestellt: Es ist der Festplatz für das jährliche Pretzfelder Kirschenfest. Nach wenigen Schritten erreichen wir wieder den Parkplatz oberhalb des Ortes.

▷ *Wie kommt man nach Pretzfeld?*
Pretzfeld, zu erreichen über die Bundesstraße 470, liegt südlich von Ebermannstadt im Tal der Wiesent am Ende des Trubachtals. Der „Kirschenfestparkplatz", von dem aus wir unsere Wanderung beginnen, liegt oberhalb des Ortes an der Staatsstraße 2260, die Pretzfeld mit Ebermannstadt verbindet.

○ *Weglänge:*
Die ganze Runde mißt ungefähr zehn Kilometer. Sie ist, mit Ausnahme des Aufstiegs von Ebermannstadt zur Wallerwarte, leicht zu gehen. Knapp die Hälfte der Strecke verläuft im Wald.

☆ *Einkehrmöglichkeiten:*
In *Pretzfeld* und Ebermannstadt gibt es zahlreiche Gasthäuser. Auf der Wanderroute selbst findet sich außerhalb der beiden Ortschaften keine Möglichkeit zur Einkehr.

Am Schöngrundweiher bei Pottenstein

Und Barbarossa spielt im Kerzensaal die Orgel

Staunen in der Pottensteiner Teufelshöhle

Mehr als 1 000 Höhlen werden in der Fränkischen Schweiz offiziell gezählt. Doch gilt als sicher, daß sich in dem zerklüfteten Untergrund des Kalkgesteins der Alb noch weit mehr solcher Hohlräume verbergen. Entdeckt aber werden sie meist nur zufällig.

Bei der Mehrzahl der bekannten Höhlen handelt es sich um nicht viel mehr als Grotten oder kleinere Hohlräume. Meist erreichen sie im Berg nicht einmal die Tiefe von 50 Metern. Eine der längsten unter diesen Erdklüften ist die Teufelshöhle bei Pottenstein.

Sie ist rund 1 200 Meter lang und besteht aus einem wahren Labyrinth von Hallen, Gängen und immer neuen Hohlräumen. Ihr Eingang ist wohl der gewaltigste aller Höhlen in Deutschland. Gut 25 Meter ist er breit und 14 Meter hoch. Auf insgesamt anderthalb Kilometer langen Wegen kann man die beleuchtete Höhle durchwandern.

Zwei Möglichkeiten haben wir für den Weg hin zur Teufelshöhle. Entweder fahren wir mit dem Auto bis vor ihren Eingang, oder wir wandern zu Fuß von Pottenstein hinüber. Auf dem Platz bei der Höhle das Auto abzustellen kostet allerdings Parkgebühr. Umsonst kann aber vor dem Ortseingang von Pottenstein an der Bundesstraße 470 geparkt werden.

Von dort führt ein gepflegter, schattiger Weg am Schöngrundweiher vorbei in kurzer Zeit zur Höhle. Das sind gerade einmal zwei Kilometer. Der Wanderweg läuft vom Parkplatz aus unmittelbar am Weihersbach entlang und immerzu bachaufwärts. Wir kommen ins Klumpertal und halten uns in guter Entfernung von der Straße.

Nach 900 Metern schon liegt am Weg der **Schöngrundsee** mit einem Verkaufsstand für kleine Gerichte und Getränke. Ruder- und Tretboote laden zu einer Kahnpartie. Drüben, jenseits der Bundesstraße, liegt wie ein verwunschenes Gemäuer das schon 1930 gebaute, seit 1988 aus Sicherheitsgründen vorläufig geschlossene Pottensteiner Felsenbad.

Die Wanderung zur Teufelshöhle setzen wir auf dem bisherigen Weg oberhalb des Schöngrundweihers fort. Nach 700 Metern endet der See. Wir gehen wieder direkt am Weihersbach, finden nach 100

Metern eine kleine Brücke. Bei einer kurzen Rast können wir die Beine ins Wasser baumeln lassen.

Wir überqueren die Brücke nicht. Erst mit dem nächsten Steg gehen wir auf die andere Seite des Bachs hinüber. Hoch über uns schwingt sich eine überdachte Holzbrücke über den tiefen Felseinschnitt, den der Weihersbach hier ausgewaschen hat. Noch 200 Meter, und wir sind am Eingang zur **Teufelshöhle**.

Drinnen finden wir den *Kerzensaal*, den *Barbarossabart*, die *Orgelgrotte* und viele andere erstaunliche Fels- und Tropfsteinformationen. In Hunderttausenden von Jahren hat die Natur ein ungeheuer reichhaltiges Ensemble phantastischer Steingebilde geformt. Professor Hans Brand hat die Teufelshöhle im Jahr 1922 gründlich erforscht, nachdem zuvor Dr. Adalbert Neischel sie nur teilweise erkundet hatte.

Nach dem Besuch der Höhle können wir entweder den Weihersbach entlang direkt nach Pottenstein zurücklaufen, so wie wir hergekommen sind – oder aber wir schließen noch eine kleine Wanderung über die Höhen oberhalb des tief eingeschnittenen Bachgrundes an.

Diese Route führt uns zunächst zum Gasthaus oberhalb der Höhle und danach über Treppen in ein wahres Felsgewirr hinein. Wir kommen durch enge, von senkrechten Felswänden eingeschlossene Schluchten. Es ist so eng hier, daß wir die Felswände auf beiden Seiten gleichzeitig mit den Händen greifen können.

Nach 200 Metern treffen wir auf einen Wegweiser. Von dort an folgen wir dem Wanderzeichen *Gelbe Raute* Richtung Weidenbach, also nicht dem *Roten Punkt*.

Über Waldwege, dann wieder an Feldrändern vorbei wandern wir in völliger Einsamkeit nach Pottenstein zurück – immer dem *gelben Wegzeichen* nach. Noch knapp anderthalb Kilometer sind es bis zur Straße Pottenstein–Gößweinstein. Die überqueren wir und gehen drüben mit der *Gelben Raute* weiter. Nach 400 Metern steigen wir rechts auf einem Fahrweg – der alten, von Gößweinstein herkommenden Straße – ins Pottensteiner Tal hinab.

An ihrem Ende drunten an der Püttlach stand einst außerhalb der Stadtmauern die **Pottensteiner Schmiede**. Dort haben die Dorfbewohner im Dreißigjährigen Krieg eine Bande raubender und mordender schwedischer Landsknechte mit Hämmern und Äxten, Dreschflegeln, Sensen und glühenden Stangen abgefangen und zumeist erschlagen. Anführer der Pottensteiner war der Schmied an der Püttlach. Er entriß dem schwedischen Fahnenträger die Kriegsflagge und vermachte sie der Pottensteiner Pfarrkirche. Dort ist sie jahrhundertelang sorgsam aufbewahrt und in Ehren gehalten worden. Erst am Ende des 19. Jahrhunderts ist sie an ein Münchner Museum verkauft worden.

Rechter Hand begleitet uns jetzt eine Kastanienzeile die alte Fahrstraße hinab. Unter den Bäumen stehen verwitterte Begrenzungssteine. Tief unter uns liegt der Parkplatz mit dem abgestellten Auto.

▷ *Wie kommt mannach Pottenstein?*
Pottenstein liegt im Püttlachtal an der Bundesstraße 470 zwischen Pegnitz und Forchheim. Man fährt mit dem Auto nach Pottenstein und stellt es dort am Ortseingang auf den Parkplatz.

○ *Weglänge:*
Vom Parkplatz zum Schöngrundweiher und direkt zurück sind es 1 800 Meter. Vom Parkplatz über den Schöngrundweiher zur Teufelshöhle und auf dem direkten Weg zurück: vier Kilometer. Vom Parkplatz über den Schöngrundweiher, die Teufelshöhle und die Höhen über dem Weihersbachtal: fünf Kilometer.

Teufelshöhle
△ *Öffnungszeiten:* 1. April bis 31. Oktober   9.00–17.00 Uhr

◇ *Führungen:*   ab acht Personen
Dauer rund 40 Minuten

☆ *Einkehrmöglichkeiten:*
Am *Schöngrundweiher* wartet ein Kiosk mit Tischen und Bänken im Freien.
Bei der *Teufelshöhle* steht ein großes Gasthaus.
In *Pottenstein* gibt es zahlreiche Gasthöfe.

Das Pegnitzer Rathaus und sein Brunnen

Eine Stadtwanderung

In Pegnitz immer längs der Pegnitz

„Pegnitz wird nun unterschieden in die Alt- und Neue Stadt", berichtet uns im Jahr 1692 der Magister Johann Will in seinem „Teutschen Paradeiß".

„In jener [der Altstadt nämlich] befindet sich das Hochfürstliche Ambthauß und die Gottesacker Capelle, samt der Wasen- und Rösch-Mühl, gleicht übrigens einem Dorf, wiewol man aus alten Mauern, Kellern und Gewölben wol warnimmt, daß vor Zeiten die Stadt daselbst gestanden."

„Die Neue Stadt wird mit zweyen Toren, und, über die Helfft, mit Mauern verwahret, und in zwo lange Gassen unterschieden, worinnen fast in der Mitt, ein feines Rathauß, und nahe beym Untern Thor die erst 1688 von Grund auf erneuerte Pfarr-Kirche S. Bartholomaei, samt der Pfarr, Caplaney und Schul, und sonsten viel schöne Häußer..."

Was Will vor mehr als drei Jahrhunderten aufgeschrieben hat, ist bis auf den heutigen Tag in vielem unverändert geblieben im Städtchen Pegnitz an der Pegnitz: die schönen Häuser, das Pfarramt, das feine Rathaus – nicht aber die Bartholomäuskirche. Die ist wegen Baufälligkeit abgerissen und im Jahr 1900 durch einen Neubau ersetzt worden.

Wir beginnen unseren Rundgang durch das vor gut 800 Jahren erstmals schriftlich erwähnte Pegnitz am „feinen Rathauß". Es ist heute das **Alte Rathaus** und steht mitten auf dem langgestreckten Straßenmarkt der Stadt.

In der Tat, es ist wirklich hübsch anzusehen, da hat Will wohl recht. Aber für eine zeitgemäße Verwaltung der Stadt wäre es wohl ein bißchen zu klein. Das haben auch die Pegnitzer eingesehen, und so gibt es heute das neue Rathaus wenige Meter oberhalb des alten. Das schaut allerdings nicht ganz so fein aus. Dort residiert der Bürgermeister.

Das Stadtwappen am Alten Rathaus zeigt den brandenburgischen roten Adler und das schwarz-weiß geteilte Rechteck der Hohenzollern. Damit weist es auf die früheren landesherrlichen Besitzverhältnisse hin. Der goldene Fisch über silbernen Wellen ist das Symbol für den Pegnitzer Fischfang vergangener Zeiten.

Wasserrad und Mühlstein an der Zaussenmühle

Wir verlassen den Markt gegenüber dem Alten Rathaus und treten in die Gasse neben den „Ratsstuben". Auf Pflastersteinen geht es leicht bergab. Links fällt der Blick in ein Gäßchen mit zierlichen Giebelhäusern. Wir gehen hinunter bis zur „Rosengasse".

Dort wandern wir rechts in Richtung Bartholomäuskirche. Aber nur bis zu den Häusern 29 und 31. In dem schmalen Gang zwischen den beiden hindurch gehen wir weiter bergab. Wir überqueren noch ein Sträßchen und kommen zum hölzernen Steg über die Pegnitz.

Drüben wenden wir uns rechts flußaufwärts und durchwandern die Birkenallee auf dem rechten Ufer der Pegnitz. An der Haltestelle für die Schulbusse biegen wir wieder rechts ab und kommen nun an der Schule selbst vorbei. Vor uns sehen wir die **Bartholomäuskirche**, die uns hier mit dem Chor, dem Glocken- und dem Treppenturm ihre schönste Seite zuwendet.

Das Gotteshaus ist schon der dritte Kirchenbau an dieser Stelle. Der früheste ist am Bartholomäustag 1533 eingeweiht worden und soll der erste evangelische Kirchenneubau nach der Reformation in der Fränkischen Schweiz gewesen sein. Schon knapp 150 Jahre später aber war er so baufällig geworden, daß die Pegnitzer ihn abtragen mußten und 1688 durch eine neue Barockkirche ersetzt haben.

An diesen Vorgängerbau erinnert noch ein wenig der Innenraum der heutigen Kirche, die im Jahr 1900 eingeweiht worden ist. Altar und Kanzel stammen aus der alten Kirche. Auf der Rückseite des Altars ist nachzulesen, daß Meister Conrad Schleunig ihn 1696 hergestellt hat und daß der Künstler aus dem oberhessischen Dörfchen Alsfeld, nicht weit von Marburg, stammte.

Von der Bartholomäuskirche her gehen wir ein kurzes Stück die „Hauptstraße" hinauf. Noch bevor wir aber wieder zum Rathaus kommen, biegen wir links in die „Brauhausgasse" ein, die, wie vorhin schon die „Rosengasse", parallel zum Marktplatz verläuft.

Das spricht dafür, daß der Stadtmittelpunkt einst planmäßig angelegt worden und nicht zufällig gewachsen ist. Auf dem ersten Fußweg, der nach links abzweigt, verlassen wir die „Brauhausgasse". Ein Steg bringt uns über einen Bach, die Fichtenohe, die wenig später in die hier noch ganze junge Pegnitz mündet.

Nach der Brücke wenden wir uns nach links, wandern an der Häuserzeile entlang und überqueren an der Fußgängerampel die „Bayreuther Straße". Links liegt nun die ehemalige **Zaussenmühle**, heute ein Gasthaus. Ihren Namen hat sie vom ersten Besitzer Hans Zauß, der sie ums Jahr 1450 gebaut hat. Nach dem Dreißigjährigen Krieg war sie jahrzehntelang Ruine gewesen, bis Hans Dennerlein sie 1710 wieder aufgebaut hat.

Letzter Mühlenbesitzer war der Rotgerber Johann Jakob Wagner. Er hat sie kurz vor seinem Tod der Stadt vermacht. Diese hat sie 1976 renoviert und an einen Gastwirt verpachtet. Zwei Jahre später hat die Stadt auch das neue Mühlrad eingebaut, das sich nun eifrig neben dem Haus dreht. Hinter der ehemaligen Mühle entspringt die Pegnitz.

Den **Quelltopf der Pegnitz** schauen wir uns genauer an. Von unten sprudelt Wasser aus dem Gestein herauf. Wenige Meter nur, nachdem die Pegnitz ihr unterirdisches Reich verlassen hat, mußte sie in früheren Zeiten schon harte Arbeit leisten und das Wasserrad der Zaussenmühle treiben. Da muß es ihr heute regelrecht Freude bereiten, das kleine Mühlrad, das die Erinnerung an Müllers Zeiten wachhält, in Gang zu halten.

Nach einer Rast am klaren Wasser der Pegnitzquelle setzen wir unsere Wanderung fort. Sie führt uns rechts an der Quelle vorbei und den kurzen Fußweg zur Straße hinauf. Oben gehen wir zunächst rechts, gleich darauf wieder links die Straße „Am Brunnenberg" hoch.

Am „Ernst-Böhm-Weg" treffen wir bald auf einen Parkplatz. An ihm gehen wir fünf Treppenstufen hinauf und dann auf dem Fußweg teilweise um den Schloßberg herum. Wir kommen zu einer starken hölzernen Wegschranke. Dort wandern wir den Berg hinauf zum **Aussichtsturm**.

Oben auf der Höhe hat einst die Burg Böheimstein gestanden, ehe sie 1553 zerstört worden ist. Von der Burg selbst ist nichts mehr zu sehen. Nur der Burggraben, der heute in weitem Bogen um den Aussichtsturm herumführt, ist noch gut zu erkennen. Auf 97 Stufen steigen wir den Turm hinauf.

Oben haben wir vom 543 Meter hohen Schloßberg eine gute Sicht auf die Umgebung von Pegnitz. Nur die Altstadt verschließt sich unserm Blick. Sie versteckt sich hinter den hohen Bäumen des Schloßbergs.

Wir treten den Rückweg an. Gut 30 Meter vom Fuß des Aussichtsturms entfernt nehmen wir den Pfad, der auf dem Wall des einstigen Burggrabens verläuft. Auf ihm umrunden wir einmal den Turm. Das sind nur rund 180 Meter. Danach überqueren wir den Weg, wandern auf der anderen Seite auf dem Pfad weiter, der uns nun immerzu bergab führt.

Ständig am Hang entlang gehend, nie senkrecht hinab, erreichen wir nach 300 Metern Fußweg den alten Pegnitzer Festplatz. Ihn überqueren wir und sehen nun allmählich die Altstadt durch das Laub der Bäume schimmern.

Bald genießen wir einen freien Blick hinunter und können gut erkennen, wie einst in dem von den Flüssen Fichtenohe und Pegnitz gebildeten Bogen der Ort Pegnitz selbst entstanden ist. Rechts und links zwei Häuserzeilen, mittendrin der Markt und außen herum die „Rosengasse" und die „Brauhausgasse", die wir ja beide ja schon kennen.

▷ *Wie kommt man nach Pegnitz?*
Pegnitz liegt am östlichen Rand der Fränkischen Schweiz. An der Autobahn A 9 hat es eine eigene Ausfahrt.

○ *Weglänge:*
Die ganze Runde durch die Pegnitzer Altstadt, den Schloßberg hinauf und wieder hinunter mag gut zwei Kilometer lang sein. Eine einzige, allerdings kräftige Steigung ist zu überwinden, wenn es den Schloßberg hinaufgeht.

☆ *Einkehrmöglichkeiten:*
In *Pegnitz* ist kein Mangel an Gasthäusern und Cafés. An der Wanderstrecke selbst, die ja nur recht kurz ist, kann man nicht einkehren. Aber wir sind ja bald zurück und können uns dann im Städtchen vergnügen.

Walpurgisnacht und Walberlas-Kärwa

"Ehrenbürg" – der meist besuchte Berg der Fränkischen Schweiz

Siebenmal in sieben Jahren, so heißt es im Tal der Wiesent rund um Ebermannstadt und Forchheim, muß ein Mädchen das Walberla zum Kirchweihfest bestiegen haben. Erst dann kann es sicher sein, den rechten Mann fürs Leben zu finden.

Doch nicht allein die fränkischen Mädchen, fast alle Oberfranken zieht es hinauf auf die auffällige, weithin sichtbare Höhe, die eigentlich ein Bergrücken ist mit zwei Gipfeln, dem Rodenstein und dem Walberla.

Korrekterweise heißt dieser Höhenzug eigentlich Ehrenbürg. Aber so nennt den Berg kein Mensch in der Gegend. „Walberla" sagen die Leute, was mit Walburga, der Heiligen aus dem 8. Jahrhundert, zusammenhängt. Ihr ist die Walburgis-Kapelle hoch droben auf dem Berg geweiht.

Bergkirchweih auf dem Walberla, die „Walberlas-Kärwa", ist jeweils am ersten Sonntag im Mai. Schon vor 600 Jahren soll dort oben gefeiert worden sein. Damals aber und auch noch in späterer Zeit geschah dies in der Nacht vom 30. April auf den 1. Mai, der Walpurgisnacht.

Vielleicht sollte der Wanderer den Berg am Kirchweihfest meiden. Wer Freude an einer Wanderung sucht, die Stille auf der Höhe, vor allem den wunderbaren Ausblick allein erleben möchte, der steigt hinauf, wenn es einsam ist am Walberla. Ein paar Bergkletterer mag er zwar auch dann noch treffen, wohl auch Drachenflieger und natürlich andere Wanderer, aber dies wird ihn nicht weiter stören.

Unser Weg hinauf auf das Walberla beginnt in Kirchehrenbach am Fuß des Berges. Von dort läuft er zunächst am Osthang des Bergrückens hin, berührt den Ort Leutenbach und steigt dann von Süden her über den Rodenstein zum Walberla und zur Kapelle hinauf.

Die Ortsmitte Kirchehrenbachs bildet seit Jahrhunderten die katholische **Pfarrkirche Sankt Bartholomäus**. An ihrem Turm fallen die vier Scharwachttürmchen auf, wie sie hier und da im Fränkischen immer mal wieder angetroffen werden. Sie dienten früher weniger dem Schmuck der Kirche als vielmehr der Sicherheit der Dorfbewohner.

Am Walberla

Von den Fensterchen in den vier Türmchen aus beobachtete in unruhigen Zeiten der Turmwächter das umliegende Land. Wenn er Alarm schlug und die Sturmglocke läutete, konnten sich die Menschen im Dorf vor heranziehenden Raubrittern oder Landsknechtshorden rechtzeitig in Sicherheit bringen.

Wir gehen an der Ostseite der Kirche die „Pfarrstraße" hinauf. Auf ihr gelangen wir bald zu einem auffallend hohen hölzernen Kruzifix am Straßenrand und wandern an ihm vorbei auf dem asphaltierten Sträßchen zum Ort hinaus.

Bereits nach etwas mehr als einem halben Kilometer finden wir rechts am Weg einen Brunnen mit zwei Ruhebänken. Bald darauf endet der Asphalt. Wir gehen auf zwei Betonfahrspuren, die in der Mitte Raum für einen Grasstreifen lassen.

Links unten im Talgrund fließt der Ehrenbach, der wenige Kilometer nördlich von hier bei Oberehrenbach entspringt. Bei Kirchehrenbach mündet er in die Wiesent. Zuvor aber durchströmt er ein zauberhaftes Tal. Ganz sacht steigen zu beiden Seiten die Hänge an. Wie ein lockerer Park sind sie von verstreut wachsenden Bäumen und Sträuchern durchsetzt. Die Berggipfel dagegen sind alle dicht bewaldet. Hinter uns auf der Höhe jenseits des Wiesenttals leuchtet der weiße Turm der Nikolauskirche herüber.

Die Doppelspur unseres Weges endet. Ein Wegweiser nach *Leutenbach* führt uns rechts auf einen Schotterweg. Bald geht es in den Hangwald des Walberla hinein. Wir bleiben noch immer auf dem festen Weg und überqueren bald einen winzigen Quellbach, der dem wasserreichen Bergmassiv entspringt. Gut 300 Meter hinter dem Bächlein versperrt uns ein Felsblock den Weg. Wir umgehen ihn.

Zweieinhalb Kilometer sind wir gewandert, wenn wir bei einer Ruhebank den Wald verlassen und wieder auf Asphalt gehen. Unter uns liegt noch immer das Ehrenbachtal, an den Hängen zahlreiche Obstwiesen. Der Weg führt uns ganz nah an den Bach heran.

Bald haben wir Leutenbach erreicht. Die **Dorfkirche Sankt Jakobus** weist, wie in Kirchehrenbach, ebenfalls die uns nun schon bekannten Scharwachttürmchen auf. Das Gotteshaus ist am Ende des vorigen Jahrhunderts an der Stelle eines älteren Kirchleins aus der Zeit um 1180 erbaut worden.

Vor uns liegt der Leutenbacher Dorfsportplatz. Wir umgehen ihn auf der rechten Seite. Hinter dem jenseits gelegenen Fußballtor stoßen wir bei Pappeln und Erlen wieder auf den Ehrenbach. Auf dem Fußweg wandern wir bachaufwärts bis zur Straße, die uns aus dem Ort hinausführt.

Gleich nach dem Straßenschild Richtung *Dietzhof* treffen wir rechts der Straße auf eine Birkengruppe mit einer Bank. Dort biegen wir in den Feldweg ein und bald darauf in einen Hohlweg. Hier beginnt der Aufstieg zum Walberla – mal steil und anstrengend, mal einfach und angenehm. Gut viereinhalb Kilometer sind wir bisher gegangen.

Am oberen Ende des Hohlwegs führt unser Weg links weiter unter Obst- und Eichenbäumen hindurch. Auf der folgenden Wiese gehen wir rechts am Buschrand entlang weiter, bis uns nach 100 Metern ein Weg durch die Hecke leitet. Dort nimmt uns ein fester Fußweg auf, der bald in einen Waldweg mündet. Wir wenden uns nach links und gehen immer weiter aufwärts.

Bei einer Bank links am Weg rasten wir und erleben hier einen schönen Blick zurück auf das unten liegende Leutenbach. Wir haben einen *Parkplatz* erreicht, auf dem eine Orientierungstafel mit Wanderrouten steht. Unser Weg läuft rechts an der Tafel vorbei und ist von nun an mit dem Wegzeichen *Roter Waagrechter Strich* gekennzeichnet. In 40 Minuten, gibt der Wegweiser an, sollen wir auf dem Walberla sein.

Wir kommen an einem Brunnen vorbei und genießen nun bald den ersten grandiosen Blick nach Südwesten auf Forchheim und das Wiesenttal. Auch der Steilabsturz des Rodenstein mit dem Kreuz darauf wird sichtbar. Wir bleiben immer auf dem festen Weg. Es geht weiter bergan.

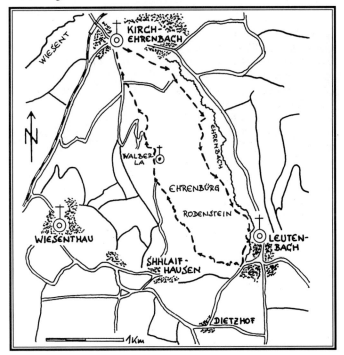

Auf dem Walberla

Rund 100 Meter nach einem Stück ebenen Graswegs nehmen wir den schmalen Fußpfad, der links ins Schlehengebüsch führt. Gleich darauf kommen wir durch eine Haselstrauchhecke. Nun geht's auf dem Pfad direkt hinauf zum *Kreuz am Rodenstein*.

Oben gönnen wir uns eine Pause zur Umschau. Drüben auf dem Höhenrücken des Walberla zeigt sich die Walburgiskapelle. Hinter dem Walberla sehen wir das weite Wiesenttal, das sich in seiner ganzen Breite von rechts nach links durch die Landschaft zieht.

Dahinter erkennen wir Ebermannstadt, davor Pretzfeld und einen Teil Kirchehrenbachs. Rechts an der Walburgiskapelle vorbei sehen wir wieder die Nikolauskirche und oberhalb Ebermannstadt die Feste der Burg Feuerstein.

Das fortwährende Pfeifen, das aus dem Tal herauftönt, stammt von der Eisenbahn, die Forchheim mit Ebermannstadt verbindet. Das Züglein pendelt pausenlos hin und her. Die weitere Strecke bis Behringersmühle ist stillgelegt und wird nur gelegentlich zu Museumsbahnfahrten genutzt.

Wir trennen uns vom Rodenstein und wandern dem Walberla-Plateau zu. Der Weg führt durch eine Senke. Dort sind seit langem schon und wohl noch für eine gute Weile die archäologischen Ausgräber an der Arbeit. Der Bergrücken, dreihundert Meter breit und anderthalb Kilometer lang, ist uraltes Siedlungsland.

Schon vor dreitausend Jahren haben Menschen auf dem **Walberla-Plateau** gelebt, sich gegen Überfälle mit festen Mauern umgeben und im 13. Jahrhundert die Kapelle gebaut. Es ist dieselbe, die wir heute noch da sehen, schlicht und ohne jeglichen Schmuck.

Den Weg hinauf zum Kirchlein oder auch zu einem der Steilhänge am rechten oder linken Rand des Plateaus bestimmt nun jeder selbst. Auf der baum- und strauchlosen Fläche kann sich niemand verlaufen. Bei der Kapelle führt der Weg hinab und zurück nach Kirchehrenbach.

Anfangs ein Schotterweg, wird aus dem Abstieg bald ein Asphaltsträßchen. Wir finden wieder schöne und immer neue Blicke ins Tal und auf die Hänge jenseits der Wiesent. Vor dem großen Kruzifix führt rechts ein Fußpfad unter den Linden hin und dann abwärts. Ihm folgen wir, kreuzen bald einen Fahrweg, queren mit dem Pfad eine Wiese und gelangen so allmählich zum Ausgangspunkt der Wanderung zurück. Ihr Ende liegt an der „Straße zur Ehrenbürg" gleich bei der Pfarrkirche.

14

▷ *Wie kommt man nach Kirchehrenbach?*
Kirchehrenbach als Ausgangspunkt der Wanderung liegt auf dem linken Wiesenufer auf halbem Weg zwischen Forchheim und Ebermannstadt. Parkmöglichkeiten bestehen im Ort nahe der Pfarrkirche auf dem Platz an der „Straße zur Ehrenbürg".

○ *Weglänge:*
Die Strecke ist gut neun Kilometer lang. Anfangs ohne Schwierigkeiten, meist im Freien, ein kurzes Stück im Hangwald. Nach der Hälfte des Wegs setzt der recht steile Aufstieg ein, der sich über etwa zweieinhalb Kilometer hinzieht, mal mehr, mal weniger anstrengend.

☆ *Einkehrmöglichkeiten:*
Am Wanderweg selbst liegen keinerlei Gasthäuser. Nach der Rückkehr bietet Kirchehrenbach aber Möglichkeiten zur Einkehr. Unterwegs finden sich zahlreiche Ruhebänke, auf denen ein Vesper verzehrt werden kann. Grillplätze sind nicht vorhanden. Das gesamte Walberla-Gebiet steht unter Naturschutz.

Der Rathauspöpel schreckt die Leute

Ein Gang durch Forchheims Gassen und Winkel

„Das Tor zur Fränkischen Schweiz" nennt sich Forchheim, mit Stolz und Selbstbewußtsein – und mit Recht. Die Wiesent mündet hier, der Fluß, der am Nordrand der Fränkischen Schweiz entspringt, das Bergland in gewundenem Lauf durchströmt und in Forchheim die Regnitz erreicht.

Forchheim hat in der deutschen Geschichte eine wichtige Rolle gespielt. In seiner Pfalz, dem Königshof, der wohl an der Kapellenstraße gestanden hat, aber nichts zu tun hat mit dem heutigen Pfalzmuseum, haben vom 9. bis zum 13. Jahrhundert immer wieder deutsche Könige und Kaiser gewohnt. Hier ist am 15. März 1077 der schwäbische Herzog Rudolf von Rheinfelden zum deutschen Gegenkönig gewählt worden.

Daß die Stadt zwei Forellen in ihrem Wappen führt, bedeutet nicht, daß hier viel Wasser fließt und es daher besonders viele Fische gibt. Die Wappenfische sind einfach ein Irrtum. Der Name Forchheim kommt nicht von Forelle oder Forche, wie man lange Zeit geglaubt hat. Er hat mit Föhren zu tun, mit Nadelbäumen also, die hier wohl einst in dichten Wäldern gestanden haben.

Beim städtischen Verkehrsverein im Rathaus bekommt man einen originellen Stadtplan. Er zeigt die ganze Innenstadt aus der Vogelperspektive – mit all den kleinen und großen, meist spitzgiebeligen Häusern, den verwinkelten Gassen, mit Kirchen und Wirtshäusern, den Resten der Stadtbefestigung und dem ehemaligen Schloß der Bischöfe von Bamberg, dem heutigen Pfalzmuseum.

Diesen Plan nehmen wir zur Hand und folgen der *blauen, gestrichelten Linie*. Sie berührt die wohl schönsten Stellen der Forchheimer Altstadt.

Schauen wir uns aber erst mal das **Rathaus** an, in dem wir uns den Stadtplan geholt haben. Es besteht eigentlich aus zwei aneinandergesetzten Bauwerken. Der höhere Ostbau mit dem Türmchen darauf stammt aus dem 14. Jahrhundert, der sich anschließende niedrigere Westbau aus rotem Fachwerk ist etwas jünger. Ihn hat Baumeister Hans Ruhalm im Jahr 1535 vollendet. Es ist der sogenannte „Magistratsbau".

15

In dem Pfosten rechts vom Fenster im zweiten Stockwerk über der Tür hat sich Meister Ruhalm selbst für alle Zeiten verewigt: Dort hat er sein eigenes Porträt eingeschnitzt. Unter der Säule mit seinem Kopf, die ein Band mit seinem Namenszug umschlingt, hat er sein Wappen samt Jahreszahl 1535 angebracht.

Bisweilen, so erzählen sich die Forchheimer an stillen Abenden oder am Stammtisch im Wirtshaus, schaut aus den oberen Fenstern des Rathauses mit leuchtenden Augen der „Rathauspöpel" hervor. Er ist seit altersher der Forchheimer Stadtgeist. Stirbt ein Ratsherr, rumort der Pöpel mit lautem Getöse im Rathaus. Schlimm ist's, wenn der Bürgermeister stirbt. Dann läßt der Pöpel die Ratsuhr dreizehn schlagen.

Auch auf Ehemänner, die zu lang im Wirtshaus hocken, hat er's abgesehen. Ihnen springt er auf dem späten Heimweg auf die Schulter und läßt sich durch die ganze Stadt tragen. Erschöpft und nach Atem ringend finden die Spätheimkehrer schließlich nach Haus.

Schauen wir, ob uns der Rathauspöpel auf unserm Gang durch Forchheims Gassen und Winkel folgt. Beim Rathaus gehen wir zunächst hinüber zum *Kriegerbrunnen*. Den hat der in Forchheim geborene Künstler Georg Leisgang 1928 entworfen. An seiner Stelle stand vorher das Holzhaus eines Pumpbrunnens. Der „Rathausplatz" hieß noch zu Anfang unseres Jahrhunderts der „Grüne Markt". Er war rundum mit Bäumen bestanden.

Vom Brunnen aus schlüpfen wir rechts vom Magistratsbau durch die schmale Gasse und kommen zur **Pfarrkirche Sankt Martin**. In ihren ältesten Teilen stammt sie aus der Zeit um das Jahr 1100. Der Turm ist um 1354 gebaut, der Turmhelm nach einem Brand von 1669 neu aufgesetzt worden.

Noch bis 1932 hat dort oben der Türmer gewohnt. Er hatte Wache zu halten und besonders nach ausbrechendem Feuer Ausschau zu halten. Sobald er einen Brand erblickte, hat er mit der Feuerglocke Alarm geschlagen. Die Kirche mit ihrem romanisch geprägten südlichen Querschiff enthält viele schöne Kunstwerke wie Bilder und Skulpturen.

Vom Westportal der Martinskirche aus wandern wir durch die „Kapellenstraße" zur **Marienkapelle** aus dem 12. Jahrhundert. Sie war einst Teil des bischöflichen Schlosses und mit ihm durch einen Gang verbunden.

Die benachbarte Kaiserpfalz beherbergt seit dem Jahr 1912 das **Pfalzmuseum**. Es steht vermutlich an derselben Stelle, an der schon im 9. Jahrhundert der Forchheimer Königshof gestanden hat. Das heutige Gebäude stammt wohl allerdings erst aus der Mitte des 14. Jahrhunderts. Es ist aber im Lauf der Zeit erweitert, verändert und verstärkt worden.

Der Forchheimer „Kriegerbrunnen" lädt zur Erfrischung ein

(15)

Hier sind einstmals Könige und Kaiser ein- und ausgegangen. Hier haben die Fürstbischöfe von Bamberg ihre zweite Residenz gehabt. Hier haben vom 5. auf den 6. Juli 1547 Kaiser Karl V. und sein Heerführer Herzog Alba übernachtet. Hierher kamen im Dreißigjährigen Krieg die Feldherren Wallenstein und Tilly.

Nahe beim Pfalzmuseum steht das Amtsgericht aus dem Jahr 1895. An ihm gehen wir links vorbei zur Roten Mauer. Ein Durchlaß mit einer kleinen Treppe führt uns auf die **Veit-Bastion**. Sie ist, wie die Tafel an der Mauer zeigt, im Jahr 1552 gebaut worden.

Forchheim war immer ein befestigter Ort gewesen, zunächst als Pfalzburg, später mit Festungswerken und -gräben versehen. Bis 1838 waren die Festungswerke einigermaßen erhalten, danach gingen sie weitgehend verloren. Sie wurden nicht mehr gebraucht. Der größte Teil der Festungsmauern ist in den Folgejahren beseitigt worden. Übrig geblieben ist nur die Veit-Bastion, die zu den letzten spärlichen Resten von Mauern, Gräben und Geschützständen gehört, die einst die ganze Stadt umgeben haben.

Wir wandern auf der Festungsmauer und werfen einen Blick ins Vorgelände. Dort lag einst der wassergefüllte Festungsgraben. Am Ende der Bastion treten wir durch ein weiteres Tor in der Mauer ins Freie. Wir gehen links und gleich darauf rechts am gelben Bauwerk der Mädchen-Schule oder Martinsschule vorüber.

Von dort gehen wir nun hinüber zur „Sankt-Martin-Straße", die wir aber sogleich wieder verlassen, um nach rechts auf dem Kopfsteinpflaster des „Rosengäßchens" weiterzugehen. Wir kommen zur „Hauptstraße", die ebenfalls gepflastert ist.

Mitten in der „Hauptstraße" fließt der Stadtbach – wie schon seit uralten Zeiten. Nur ist er heute als kleiner Kanal eingefaßt. Früher dagegen floß das von der Wiesent in die Stadt geleitete Wasser beiderseits der ungepflasterten Forchheimer Straßen dahin. Es diente ganz einfach der Straßenreinigung. Der Pfarrer Johann Will, dem wir auch auf unserer Wanderung durch das Städtchen Pegnitz begegnen, hat schon 1692 vom fließenden Wasser in den Forchheimer Gassen berichtet.

Wir halten uns auf der „Hauptstraße" rechts und kommen an alten Läden und historischen Wirtshäusern vorbei, wie sie hier seit altersher bestanden haben. Links breitet sich ein großer, freier Platz aus, der **Paradeplatz**, der mindestens bereits seit dem Jahr 1700 als Marktplatz dient. Die barocke Figurengruppe der Maria mit den beiden Engeln steht hier seit 1747. Den oberen Teil des Platzes beschließt die Alte Wache, einst auch Schulhaus.

Links an der Alten Wache vorbei gehen wir in die Straße „Marktplatz" hinein, an der „Gerberei Seb. Endres" und dem „Brauhaus Forchheim" vorüber. Weiter geht's links durch die „Hornschuchallee" und dann am kleinen Fischbrunnen vorbei. Rechts führt die „Hundsbrücke" über die Wiesent.

Wir wandern nun am Fluß entlang und wundern uns erst mal über die Holzhäuschen, die da ins Wasser gehängt sind. Fischkästen sind das, wie an einem der Käfige angeschrieben ist. Es gibt sie hier seit dem 17. Jahrhundert. In ihnen wurden die frisch gefangenen Fische so lange lebend und im fließenden Wasser der Wiesent aufbewahrt, bis sie zum Markt getragen werden konnten.

Vor uns steht am Wiesentufer die **Alte Mühle**, auch „Kammermühle" genannt. Ihre etwas windschiefe Lage hat dem Weinlokal, das sich heute darin befindet, zu dem Namen „Schiefe Mühle" verholfen. Noch bis in die Mitte des 19. Jahrhunderts arbeiteten entlang der Wiesent im Forchheimer Stadtgebiet rund 20 Wassermühlen – daher auch der Name „Klein-Venedig", wie die Gegend hier seit altersher genannt wird. Hier vor allem lebten früher die Forchheimer Juden. An ihre 1938 zerstörte Synagoge erinnert ein paar Schritte weiter die steinerne Plastik.

Weiter geht's entlang der Wiesent zur „Bamberger Straße" und dort hinüber zum **Katharinenspital**. Diese wohltätige Einrichtung führt sich in ihren Ursprüngen auf eine Stiftung im 12. Jahrhundert zurück. Arme und Gebrechliche wurden hier aufgenommen. Finanziert haben die Stiftung wohlhabende Forchheimer Bürger, die sich damit ihr Seelenheil erkaufen wollten.

Wir wenden uns nun über die Wiesentbrücke in Richtung Rathaus, biegen aber schon nach 50 Schritten rechts in die kleine Gasse **Krottental** ein. Dies ist das alte Scheunen- und Wohnviertel der Stadt. Kleine Fachwerkhäuschen mit winzigen Fensterchen darin und niedrigen Dächern obendrauf haben hier noch einiges vom alten Forchheim bewahrt. Der große dreistöckige Bau mit den drei Gaubenreihen auf dem Dach, dem wir in diesem Viertel beggenen, ist das ehemalige **Salzmagazin** der Stadt, erbaut im Jahr 1710.

Am Salzmagazin entlang nehmen wir unser letztes Wegstück durch die schmale Gasse, über der sich die Traufen der Nachbarhäuser fast berühren. Wir sind wieder am Rathausplatz und damit am Ende dieses Stadtausflugs.

▷ *Wie kommt man nach Forchheim?*
Forchheim liegt an der Autobahn A 73 mit eigener Abfahrt zwischen Erlangen und Bamberg. Die Bundesstraße 470 von Pegnitz über Ebermannstadt nach Höchstadt führt hindurch. Forchheim ist Bahnstation an der Eisenbahnlinie Bamberg–Erlangen.

○ *Weglänge:*
Der Weg beträgt etwa zwei Kilometer. Weil es unterwegs viel anzuschauen gibt, sollten wir ruhig zwei Stunden für den Rundgang einplanen. Außerdem müssen wir stets darauf gefaßt sein, die Runde hier oder da zu unterbrechen – für ein Eis auf die Hand, für eine kurze Einkehr in einem der zahlreichen Gasthäuser oder gar für eine regelrechte Brotzeit.

Pfalzmuseum
△ *Öffnungszeiten:* Mai bis Oktober
                   dienstags bis sonntags   10.00–12.30 Uhr
                   und   13.30–16.00 Uhr

∞ *Eintritt:*   Erwachsene   DM 2,00
                   Schüler   DM 1,00

☆ *Einkehrmöglichkeiten:*
In *Forchheim* warten zahlreiche Wirtshäuser auf Gäste.

Ritter Hieronymus und ein Hund mit feurigen Augen

Umwege zur Burg Egloffstein

Egloffstein sei die „Perle des Trubachtals", heißt es in der Fränkischen Schweiz. Da kann was dran sein. Tatsächlich bietet das am Hang oberhalb der Trubach aufsteigende Dorf mit seiner hochragenden Burg schon von weitem einen zauberhaften Anblick.

Terrassenförmig hochwachsend, drängen sich die Häuser des knapp tausend Einwohner zählenden Dörfchens regelrecht in den Berg hinein. Steile, enge Gassen, viel Fachwerk und so manches altersschwache Haus prägen das Ortsbild.

Aber in Egloffstein und drumherum spukt´s, erzählen sich die Leute schon seit langem. Einer, der zu seinen Lebzeiten verbotenerweise Grenzsteine an den Feldrändern versetzt hat, geht des Nachts zur Strafe um. Einen massigschweren Markstein schleppt er auf den Schultern mit sich.

Auch ein Hund mit feurigen Augen ist bei Nacht unterwegs und macht die Gegend um den „Teufelsgraben" unsicher. Nahebei führen in der Walpurgisnacht, vom 30. April auf den 1. Mai, der Teufel und seine finsteren Gesellen wilde Tänze auf. Mit von der Partie sind auch Hexen, die auf ihren Besen von weither angereist kommen. Fürwahr, eine schlimme Gegend, so rund um Egloffstein.

Eine Art „Egloffsteiner Odysseus" muß der Ritter Hieronymus gewesen sein. Der lebte vor Zeiten auf seiner Burg oberhalb des Orts, focht in vielen Kriegen und blieb schließlich eines Tages verschwunden. Wie Odysseus, der schlaue Held der griechischen Sage, kam auch Hieronymus erst nach zwanzig Jahren an den eigenen Hof zurück.

Dort hatte sich inzwischen die ganze fernere Verwandtschaft niedergelassen und auf Dauer häuslich eingerichtet. Niemand mochte sich deshalb über die Heimkehr des so lang Vermißten richtig freuen, und kaum jemand glaubte ihm, daß er tatsächlich der Ritter Hieronymus sei.

Anders aber als der griechische Odysseus mußte der fränkische Hieronymus nicht erst neunzig Fürsten erschlagen, um seinen Besitz zurückzuerlangen. Er führte die Burgbesetzer zu dem Versteck, in dem er als junger Mann immer sein Lieblingsschwert verborgen gehalten hatte. Dieser Beweis überzeugte schließlich die liebe Verwandtschaft.

Sie räumte freiwillig, wenn auch wohl unter Murren, das Feld. „Hieronymus aber war seinen Getreuen, unter denen große Freude

Burg und Dorf Egloffstein

nach seiner Rückkehr herrschte, noch viele Jahre ein gütiger und väterlicher Herr", sagen die Leute in Egloffstein.

Burg Egloffstein, die in einer Urkunde des Jahres 1358 erstmals schriftlich erwähnt wird, damals aber mit Sicherheit schon einige hundert Jahre alt war, ist noch immer von der Familie Egloffstein bewohnt. Sie kann daher nicht besichtigt werden. Nur die **Burgkirche Sankt Bartholomäus** am Eingang zur Burg gewährt Einlaß.

In ihr erwarten uns herrliche Schöpfungen des fränkischen Bauernbarock. Hier geht Moses mit bloßen Füßen am Altar umher und schwenkt sein Bruder Aaron fröhlich ein Weihrauchfaß. Dazu passen wunderbar das farbenfrohe Deckengemälde mit den vier Evangelisten in den Ecken und ein Pelikan mit ausgebreiteten Flügeln droben auf dem Altar.

Auf Umwegen wollen wir nun zur Burg und ihrer Kirche hinaufwandern. Zum Ausgangspunkt unserer rund vier Kilometer langen Tour wählen wir das Egloffsteiner Rathaus. Von dort wenden wir uns zur Apotheke „Zum Alten Ritter" und gehen in die „Rabensteinstraße" hinein.

Nach 200 Metern führt der Weg auf dem Asphaltsträßchen geradeaus weiter, also nicht den Weg „Schützenberg" hinab. Bald kommen wir zum letzten Egloffsteiner Haus. Hier geht es mit leichter Steigung in den Wald hinauf.

Von unserem Weg, der durch lichten Baumbestand führt, fällt der Blick immer wieder nach rechts ins Trubachtal hinunter. Links ragen gewaltige Felsen im Buchenwald auf. Wir kommen an den Platz *Keilsruhe* mit Rastbänken zum Verschnaufen. Ein großer Stein trägt die Jahreszahl 1955.

Langsam ziehen wir weiter, finden erneut eine Bank und gleich danach einen Steg, der nach links in den Hangwald hineinführt. Dem dort schräg hinauflaufenden Fußpfad folgen wir. Unter steil sich auftürmenden Felsmauern wandern wir bergan.

Es dauert nicht lang, und wir kommen zur **Frauenhöhle**. In ihr sei, so sagt man, zur Zeit der Ungarneinfälle nach Süddeutschland – vor mehr als tausend Jahren also – eine habgierig-geizige Frau samt ihrem Hausrat zu Stein verwandelt worden. Sie habe einem Bettler, der, wie auch die Frau selbst, in den Wald bei der Höhle geflohen war, nicht ein einziges kleines Stück Brot geben wollen. Der Bettler habe daraufhin das garstige Weib verflucht und sie samt allem, was sie bei sich trug, zu Stein erstarren lassen. – Wer Phantasie genug besitzt, wird in den Felsgebilden der Grotte leicht die versteinerte Frau mit ihrem Hausrat erkennen können.

Vor der Höhle gehen wir links weiter und erneut den Hang hinauf zu einer weiteren Grotte. Viele Löcher und Gänge höhlen den Berghang aus. Wir können jedoch nicht hinein, es geht zu steil hinab. So wenden wir uns dem weiteren Weg nach oben zu.

Bald treten wir aus dem Wald, stehen am Rande einer weiten Feld-, Wiesen- und Ackerfläche. Unser Weg führt schräg über die Wiese und am jenseitigen Waldrand weiter. Wir richten uns nach dem Wegzeichen *Blauer Ring*, das uns bald zu einem Wiesenweg begleitet.

Bei einer grünen Ruhebank stoßen wir auf einen quer zu unserm Pfad verlaufenden Schotterweg. Auf ihm wenden wir uns links und folgen weiter dem *Blauen Ring*.

Nach etwa einem Kilometer treffen wir auf das erste Egloffsteiner Haus. Es trägt die Nummer 221. Gegenüber steht links am Wegrand ein Mast mit dem Wegweiser zum *Wilhelmsfelsen*. Der liegt wieder im Wald. Wir wandern hin.

Nun marschieren wir stets weiter auf diesem schmalen Pfad, bis wir nach 200 Metern im Hof der **Burg Egloffstein** stehen. Daß wir die Anlage selbst nicht besichtigen können, wissen wir bereits.

Das Schicksal Egloffsteins unterscheidet sich nur wenig von dem anderer fränkischer Burgen. Die Stadt Nürnberg hat sie 1450 belagert, aber nicht erobern können. Statt dessen hat sie das ganze darunter liegende Dorf niederbrennen lassen.

Im Bauernkrieg, gut siebzig Jahre später, ist die Burg dann doch zerstört worden. Nach dem Wiederaufbau haben Bamberger Landsknechte sie 1563 ein weiteres Mal verwüstet. Zweimal sind Burg und Dorf dann noch im Dreißigjährigen Krieg in Flammen aufgegangen. Die Kirche beim Schloß wurde 1750 erbaut.

Vermutlich reichen die Anfänge der Burg, die das Trubachtal so herrlich überragt, bis ins 8. Jahrhundert zurück. Urkunden bezeugen sie allerdings erst für das 14. Jahrhundert. Das Geschlecht der Egloffsteiner bestand jedoch schon im 12. Jahrhundert.

Unerwartetes hat sich noch in unserem Jahrhundert auf der Burg ereignet. Als die Kirche Sankt Bartholomäus renoviert wurde, mußten dafür Felsteile weggesprengt werden. Dabei löste sich auch ein Sprengsatz an einer Stelle, an der überhaupt keiner niedergebracht worden war.

Jetzt wird vermutet, daß dort gut 200 Jahre lang Schwarzpulver im Boden gesteckt hat, das sich bei den Felssprengungen anläßlich des Kirchenbaus im Jahr 1750 nicht entzündet hatte. Während zweier Jahrhunderte sind Mensch und Tier Tag für Tag über diesen Sprengsatz hinweggegangen – und niemand hat die schlummernde Gefahr geahnt.

Um zum Egloffsteiner Rathaus zurückzukehren, gehen wir die Asphaltstraße hinauf bis zur Straßengabel. Dort treffen sich „Egloffstraße", „Burgbergstraße" und „Ritterstraße". Wir steigen hinter der alten Linde auf dem „Kirchweg" zum Dorf hinunter.

▷ *Wie kommt man nach Egloffstein?*
Von Nürnberg auf der Bundesstraße 2 über Gräfenberg; von Ebermannstadt über Pretzfeld; oder von Pegnitz auf der Bundesstraße 2 über Obertrubach. Die Wanderung beginnt und endet am Rathaus Egloffstein.

○ *Weglänge:*
Die Strecke ist knapp sechs Kilometer lang und verläuft zumeist eben. Lediglich auf einem gut 200 Meter langen Teilstück geht es innerhalb des Hangwaldes ziemlich bergan. Als Abschluß wartet der Abstieg von der Burg hinunter zum Dorf.

☆ *Einkehrmöglichkeiten:*
Auf der Strecke selbst gibt es keine Einkehrmöglichkeit. In *Egloffstein* erwarten den Wanderer jedoch einige Gasthäuser.

Dreihundert Meter zwischen Leben und Tod

Als in Bärnfels der Henker abgeschafft wurde

Am Rande des Dörfchens Bärnfels, das zu Obertrubach im Trubachtal gehört, erhebt sich zu mäßiger Höhe seit altersher der „Galgenberg". Seinen Namen hat er, was leicht verständlich ist, von dem Galgen, der einst dort gestanden hat und an dem Übeltäter hingerichtet wurden.

Irgendwann aber, so wird in Bärnfels erzählt, mochte sich niemand mehr finden, der das Handwerk des Henkers ausüben wollte. In ihrer Not griffen die Bärnfelser zu einer seltsamen, völlig neuen Idee der Hinrichtung.

Wurde nun jemand aufgrund eines schweren Verbrechens mit dem Tode bestraft, spannten die Bärnfelser ein langes Seil vom Galgenbergfels bis zum 300 Meter entfernten Reibertsfelsen. War der Verurteilte kräftig genug, konnte er sich so ins Leben hinüberretten.

Gelang es ihm nämlich, sich am Seil entlanghangelnd, den Reibertsfelsen zu erreichen, so war er frei – für immer. Das Gottesurteil hatte ihn gerettet. Schaffte er die Strecke nicht, stürzte er vor Erschöpfung ab und kam zu Tode. Auf diese Weise sparten sich die Bärnfelser hinfort ihren Henker.

Das ist eine alte Geschichte, sicher so alt wie die Ruine der Burg Bärnfels selbst, die sich noch heute hoch über dem Ort erhebt.

Wir beginnen unsere Wanderung in der Ortsmitte bei dem Gasthaus „Drei Linden", in dessen Nähe wir unseren Wagen abstellen. Neben dem Gasthaus läuft ein Sträßchen bergan. Ihm folgen wir, wenn wir jetzt zur einstigen Burg hinaufsteigen.

Gleich hinter dem Gasthaus biegen wir rechts ein und stoßen nach wenigen Schritten auf eine Schautafel. Sie erzählt ausführlich die Geschichte von Schloß Bärnfels. Von der Tafel aus führen 64 steinerne Stufen zur Burgruine hinauf.

Oben finden wir noch einige gut erhaltene Reste des mächtigen Mauerwerks. Einen Tisch und ein paar Holzbänke hat der Fränkische-Schweiz-Verein aufgestellt. Von diesem Rastplatz aus haben wir einen schönen Ausblick aufs Dorf Bärnfels und hinüber zur **Kirche Maria Schnee**.

Das Gotteshaus ist, wie man bei seinem Besuch nachlesen kann, in den Jahren 1952 bis 1961 „von der Bärnfelser Bevölkerung selbst er-

Das Dorf Bärnfels und seine Kirche „Maria Schnee"

baut worden". Die schlichten Kreuzwegbilder im Inneren der Kirche hat Sebastian Holzner aus Auerbach in der Oberpfalz aber schon 1864 geschaffen, damals für die Pfarrkirche in Obertrubach. Auf den Bildern, die nur einfache Arbeiten der Volkskunst sind, bemerken wir dennoch hier und da künstlerische Glanzstücke, so etwa in den ausdrucksvollen Darstellungen menschlicher Gesichter, die uns da zum Teil erregt, empört oder auch entsetzt entgegenstarren.

Von der Burgterrasse mit Tisch und Bänken führen 24 hölzerne Stufen unter überhängendem Fels hindurch weiter aufwärts. Wir kommen am Fuß eines gut zehn Meter hoch aufragenden Felsenungetüms vorbei, das wir jedoch nicht besteigen können. Auf ihm hat einst der Bärenturm gestanden, von dem aus der Burgwächter nach Gefahren Ausschau hielt, nach Bränden oder feindlichen Truppen.

Nach dem Felsen gehen wir auf dem Wiesenweg hinab, kommen am Gasthaus „Bergschmied" vorbei und finden nun auch rasch zum Ausgangspunkt unserer kleinen Runde beim Gasthaus „Drei Linden" zurück.

Zur Kirche Maria Schnee wandern wir vom Gasthaus her die „Dorfstraße" hinauf. Wir kommen an einem Wegweiser vorbei, der eine ganze Reihe von Wandermöglichkeiten anzeigt. Gut 60 Meter nach dem Gerätehaus der Freiwilligen Feuerwehr von Bärnfels biegen wir links ein. Der Fußweg zur Kirche hinauf führt vorbei an einer malerisch schönen Felsengruppe.

▷ *Wie kommt man nach Bärnfels?*
Bärnfels liegt zwei Kilometer nördlich von Obertrubach und sechs Kilometer südlich der Stadt Gößweinstein. Das Auto kann man nahe dem Gasthaus „Drei Linden" auf der „Dorfstraße" abstellen.

○ *Weglänge:*
Die gesamte Strecke beträgt rund zwei Kilometer.

☆ *Einkehrmöglichkeiten:*
Im Gasthaus „Drei Linden" und im Gasthof „Bergschmied"

Die Eisenbahn im Raubritternest

Burg Leienfels wurde dreimal zerstört

Die Herren von Egloffstein hatten sich die Gegend wohl sehr genau angesehen, ehe sie ihre starke Burg Leienfels hoch oben auf der Bergspitze errichten ließen. Der 600 Meter hohe Gipfel, auf dem noch immer ansehnliche Ruinenreste erhalten sind, gewährte ihnen freien Blick ins eigene und ins fremde Land.

Noch heute reicht die Sicht vom Gipfel des Burgbergs der Egloffsteiner weit hinaus über Berg und Tal der Fränkischen Schweiz. Je nach Wetterlage schaut der Besucher dreißig, ja vierzig Kilometer weit über bewaldete Hänge, bestellte Felder und stille, tief eingeschnittene Täler.

Im Mittelalter war dies ein guter Platz, um die Gegend zu beherrschen. Auch sich selbst und seinen Hofstaat vor unwillkommenem Besuch zu schützen, gelang auf der Bergspitze leichter als drunten im Tal – und in der Tat, die Egloffsteiner hatten unter den Burgherren in dieser Gegend manchen Feind, der ihnen das Leben sauer machte. Denn die meiste Zeit über herrschten Raubritter auf dem Leienfels.

Im Jahr 1222 wird die Burg zum erstenmal urkundlich erwähnt. Etwa um diese Zeit auch mag sie gebaut worden sein. Denn damals war es üblich, solche abgelegenen, auf Berghöhen gesetzten Behausungen mit dem Namenszusatz „-fels" zu versehen. Ein Jahrhundert früher galt der Zusatz „-stein" noch als schick und zeitgemäß.

Leienfels ist von „Leu" abgeleitet, was auf deutsch „Löwe" bedeutet. Der Name sollte wohl ungebetene Gäste abschrecken. Der Burgherr werde sich und seinen Besitz mit dem Mut und der Kraft eines Löwen verteidigen, sollte das heißen.

Diese Rechnung ist auf Leienfels nicht immer aufgegangen. Wenigstens dreimal ist die Burg erobert und jeweils gründlich zerstört worden. Auf einer Strafexpedition des Königs gegen fränkische Raubritter im Jahr 1397 ist die Festung bis auf die Grundmauern geschleift worden. Aufständische Bauern haben die wieder aufgebaute Burg im Jahr 1525 erneut zerstört, und nur 28 Jahre danach ist sie schon wieder in Flammen aufgegangen.

Trotz solcher Schicksalsschläge sind bis heute beachtliche Reste der einstigen Befestigungen erhalten geblieben. Die Umfassungsmauern auf Leienfels stehen zum Teil noch, außerdem ein Turmstumpf,

Treppenstufen, Reste von Wohnräumen und des Eingangstores. Unmittelbar über dem felsigen Untergrund erheben sich zwei Eckbastionen. Sie gewähren einen der umfassendsten Ausblicke, die man überhaupt in der Fränkischen Schweiz findet. Eine Orientierungstafel hilft, die Übersicht zu gewinnen.

Unsere eher kurze und wenig anstrengende Wanderung zum Leienfels hinauf beginnen wir an der Straßenkreuzung auf dem halben Weg zwischen Bärnfels und Graisch. Dort, bei dem auffallend großen hölzernen Kruzifix, biegen wir mit dem Auto von der Straße ab, wie es der Wegweiser *Leienfels 1 km* anzeigt. Nach 200 Metern führt ein Fahrweg nach rechts in den Wald hinauf.

Dort parken wir den Wagen am Wegrand und nehmen die Fußwanderung auf. Der Waldweg führt uns in fast beständiger Linksbiegung ganz sacht bergan. Nach einem Kilometer kommen wir an einer Waldlichtung vorüber. Rechts liegen bewirtschaftete Äcker, zwei Schuppen stehen am Rand.

Hier verlassen wir unseren bisherigen Weg und betreten linker Hand den Fußpfad. Der führt uns sogleich durch einen Felseneinschnitt. Ziemlich überrascht stehen wir unerwartet am Rande einer Wiese. Vor uns liegen die wenigen Häuser des Dörfchens **Leienfels**. Damit hätten wir hier wohl kaum gerechnet, eher mit wildem Felsgestein, vielleicht sogar mit Mauer- und Ruinenwerk.

Einsam und ganz weltabgeschieden zeigt sich hier der Ort Leienfels auf seiner Waldlichtung, friedlich und allein. Ein paar Hühner gehen umher, unter ihnen stolz daherschreitend der Hahn.

Wir wenden uns nach dem Felsentor links am Waldrand und wandern auf dem Wiesenweg unter Obstbäumen hin. Nach 150 Metern kommen wir an die Dorfstraße. Linker Hand steht die Orientierungstafel *Burgruine Leienfels*. Sie erzählt uns die Geschichte der Burg von Anfang an.

Nach dem Besuch des jahrhundertealten Gemäuers wandern wir nicht zurück zum Waldrand mit dem Felsentor, sondern suchen, die Dorfstraße abwärts gehend, den **Gasthof „Zur Burgruine"** auf. Links lassen wir eine Kapelle am Wege hinter uns zurück.

Im Schatten eines Walnuß- und Kastanienbaums hat Gastwirt Zitzmann einen Biergarten eingerichtet. Links neben dem Gasthaus fährt eine Modelleisenbahn. Stunde um Stunde zieht sie ihre Runden, immer im Garten umher, Tag und Nacht, bei Dunkelheit sogar mit Beleuchtung. Auch eine Modellseilbahn ist dabei und der Triebwagen einer Bergbahn. Manchmal wechselt Zitzmann Waggons und Lokomotiven aus.

Der Wirt läßt die Bahn bei Wind und Wetter rollen. „Auch bei Regen", erzählt er uns. „Denn wenn die Gleise naß sind, dann fahren die Züge noch viel besser." Nur tief in der Nacht, wenn das Gasthaus

Ständig auf großer Fahrt – die Eisenbahn beim Gasthof „Zur Burgruine"

schließt, holt Zitzmann die Eisenbahn ins Haus. Die Raubritter vom Leienfels, die vor Jahrhunderten sogar als Falschmünzer erwischt worden sind, ziehen zwar nicht mehr stehlend und raubend durchs Land. Aber Wirt Zitzmann möchte auch keinen späten Wanderer unserer Tage in Versuchung führen, sich unerlaubt an seiner fränkischen Eisenbahn zu schaffen zu machen.

An der Straßengabel vor dem Gasthof zeigt ein Wegweiser außer vielen anderen Richtungen auch die nach *Graisch* an. Dorthin wandern wir jetzt auf der Straße, die nur selten befahren wird. Nach gut einem halben Kilometer kommen wir in den unterhalb Leienfels liegenden kleinen Ort Graisch.

Auf der Kreuzung am anderen Dorfende wenden wir uns nach links und finden nach 600 Metern zum Ausgangspunkt und unserem dort abgestellten Auto zurück.

▷ *Wie kommt man nach Bärnfels?*
Von Gößweinstein oder von Obertrubach her fährt man mit dem Auto nach Bärnfels. Dort weiter in Richtung Graisch bis zur Kreuzung mit dem auffälligen Kruzifix.

○ *Weglänge:*
Insgesamt geht man gut vier Kilometer mit anfangs längerem, aber nur mäßigem Anstieg. Nach der Burg Leienfels geht's nur noch bergab.

☆ *Einkehrmöglichkeiten:*
In *Leienfels* im Gasthof „Zur Burgruine". Montags Ruhetag. Bei entsprechender Witterung kann man herrlich draußen sitzen im Biergarten unter der alten Kastanie oder dem Walnußbaum.

Eine Mühlenwanderung

*Durchs Trubachtal und auf die Höhen
der Fränkischen Alb*

Bei Pretzfeld, wenig südlich von Ebermannstadt gelegen, mündet das Flüßchen Trubach in die Wiesent. Zwischen seiner Quelle in Obertrubach und seiner Mündung durchfließt der „trübe Bach", was „trubbach" im Hochdeutschen genaugenommen bedeutet, eine anfangs rauh, später fast zart wirkende, abwechslungsreiche Landschaft – schmale, enge Täler mit steilen Hängen, die sich erst spät zu auf- und abschwingenden Hügelketten weiten, vielfach bewaldet auf den Gipfeln, meist von Obstgärten bestanden an den Hängen und in den Niederungen.

Auf einer Strecke von nur 25 Kilometern strömt die Trubach an wenigstens zehn Burgen und Burgruinen vorüber. Von ihren Höhen blicken sie schon seit Jahrhunderten hinab auf den Fluß und auf alles, was die Straße in dieser Zeit in seinem Tal hinauf- und hinuntergezogen ist.

Die Trubach selbst hat einst eine stattliche Reihe von Wassermühlen in Schwung gehalten. Die meisten dieser früher so bedeutsamen Mahlwerke stehen heute still. Die Wasserräder sind zumeist verschwunden. Der zugehörige Mühlbach ist ausgetrocknet, und auch die noch verbliebenen Mühlenbauten sind nicht immer im besten Zustand.

Manch einer mag sich heute die klappernden Mühlräder, die ächzenden Mahlwerke und die rauschenden Mühlbäche in die stillen Täler der Fränkischen Alb und anderswo zurückwünschen. Doch darf er dabei nie vergessen, daß es harte und schwere, auch entbehrungsreiche Arbeit war, die der Müller zu leisten hatte. Dazu war er, weil er meist außerhalb der einigermaßen sicheren Dörfer und Städte lebte, nie vor Überfällen durch Räuberbanden sicher.

Das große Mühlensterben hat gegen Ende des 19. Jahrhunderts eingesetzt. Die Konkurrenten Dampfmaschine und Motor waren leistungsfähiger als die begrenzte Kraft des Wassers. Vor allem konnten sie Mahl- und Sägewerke an jedem beliebigen Ort antreiben, nicht nur in abgelegenen Flußtälern.

Vier Mühlen oder das, was von ihnen geblieben ist, liegen auf unserem Wanderweg im Trubachtal. Aber nur ein einziges Mühlwerk arbeitet heute noch – das Sägewerk der Reichelsmühle kurz vor Wolfsberg.

Gleich nach dem Ortsausgang von Obertrubach Richtung Egloffstein liegt rechts der Straße ein kleiner, aber schmucker Spielplatz.

Rutsche, Schaukeln und Klettergerüste sind dort aufgebaut, dazu Reck und Wippe. Gleich dabei ist ein Grillplatz mit Tischen und Bänken. Und auch ein Parkplatz ist vorhanden. Alles eingebettet in eine gewaltige Felsnische, deren steile Wände die Anlage schützend im Halbrund umstehen.

Hier beginnen wir unsere Wanderung und machen uns auf den Weg Richtung Wolfsberg. Dabei folgen wir dem Pfad mit dem Markierungszeichen *Blauer Punkt* rechts abseits der Straße. Nach 200 Metern haben wir schon die erste Mühle erreicht – die **Hackermühle** oder **Obermühle**.

Früher trugen Mühlen häufig, wie eben auch hier nahe bei Obertrubach, gleichzeitig verschiedene Namen. Sie wurden nach ihren Besitzern benannt oder auch nach ihrer jeweiligen Lage. Die Obermühle stand also oberhalb einer oder mehrerer anderer Mühlen im Tal der Trubach. Hacker wird einer der früheren Besitzer geheißen haben. Mit dem neuen Inhaber wechselte die Mühle meistens auch ihren Namen.

Die Hackermühle, so finden wir es an einer Tafel am alten Gemäuer aufgezeichnet, hat schon im Jahr 1547 „Obermul" geheißen, aber auch „Hackemul". Später wurde sie „Heckenmühle" genannt. Seit 1970 ist sie stillgelegt.

„Der letzte Besitzer", so erzählt uns mit bissigem Humor einer aus der Gegend, „hat sich ins Jenseits davongemacht." Die Gebäude stehen heute unter Denkmalschutz. „Aber", so erfahren wir weiter, „der Staat hat kein Geld mehr, und so stehen die Gebäude nun eben einfach so herum." Immerhin hat „der Staat" ein neues Dach aufbringen lassen und so das Denkmal „Hackermühle" wenigstens notdürftig gesichert.

Bereits bei der nächsten Mühle, der nur 300 Meter flußabwärts liegenden **Schlöttermühle**, erkennen wir, daß Mühlen nicht nur nach dem Müller oder nach ihrer Lage benannt wurden. „Der Gang des Mühlrads", so ist hier zu lesen, „prägte sich schlatternd oder schlötternd ein" – darum also „Schlöttermühle".

Im 16. Jahrhundert hat sie wohl auch „Schlatenmül" und „Schlottermul" geheißen. Außer dem Namen erinnert hier nichts mehr an eine Mühle. Die verbliebenen Bauten könnten auch anderen Zwecken gedient haben. Sogar der Mühlgraben ist verschwunden. Die vorüberführende Staatsstraße 2260 hat ihn geschluckt.

Bei der Ziegelmühle, nur 200 Meter unterhalb der Schlöttermühle, finden wir immerhin noch zwei alte Wasseräder. Sie wurden oberschlächtig angetrieben, stehen aber ebenfalls seit langem still.

Der Besitzer richtet derzeit den alten Mühlgraben wieder her – allerdings nicht, um die Mühle in Gang zu setzen, sondern um eine

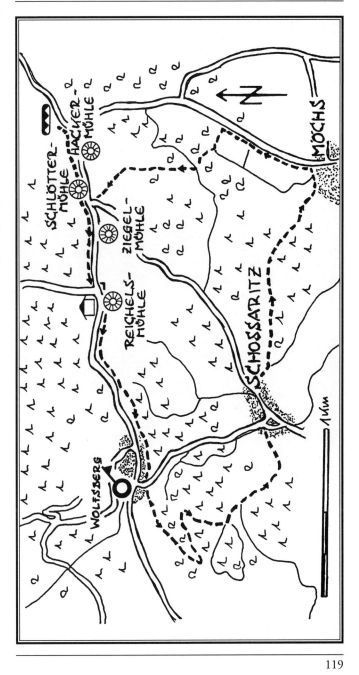

Das Wasserrad der Hackermühle steht seit langem still

Turbine zur Stromerzeugung hier einzubauen. Ob die Wasserschüttung dafür reichen wird?

Über dem Eingang zur **Ziegelmühle** kündet eine gußeiserne Tafel von der früheren Zugehörigkeit der Mühle zur Gemeinde Obertrubach, zum Amtsgericht Pottenstein und zum IV. Compagniebezirk Pegnitz. Die Ziegelmühle ist auch „Heiligenmühl" genannt worden.

Voll in Betrieb ist zwischen Obertrubach und Wolfsberg nur noch die **Reichelsmühle**, ein Sägewerk. Sie hat ihren Namen von Heino Reichl, der sie schon 1547 besessen hat. „Hergotsmül" hat sie auch geheißen und „Schwentersmul". Seit 1718 ist sie die „Reichelsmühle". Der heutige Besitzer erzählt uns von manchem Brand, der in der Mühle in der Vergangenheit immer wieder großen Schaden angerichtet hat.

Das also sind die vier Mühlen im Trubachtal. Sie alle standen in der zweiten Hälfte des vorigen Jahrhunderts noch voll in Betrieb. Eine Mühlenzählung von 1875 zeigt, daß die Hackermühle aus insgesamt drei Gebäuden bestand und daß fünf Personen sie bewohnten. Gleiches gilt für die Reichelsmühle. Die Schlöttermühle zählte damals sechs Bewohner und zwei Gebäude, die Ziegelmühle zehn Bewohner und vier Bauten.

Die Wanderung führt uns nun von der Reichelsmühle auf dem bisherigen Pfad weiter. Er steigt leicht an und verläuft unter dem „Richard-Wagner-Felsen" entlang. Mancher hohe Stein im nordöstlichen Franken ist nach dem Komponisten benannt. Eine Tafel an diesem Felsen sagt uns auch, warum. „Der Meister besuchte oft die Fränkische Schweiz." Von Bayreuth herüber hatte er's ja auch nicht sehr weit.

Einen halben Kilometer nach der Reichelsmühle kommen wir an einen Parkplatz. Dort überqueren wir auf einem Steg die Trubach. Wer mag, geht 100 Meter weiter und durchwatet dort die Trubachfurt.

Beiderseits des Flusses liegt jetzt Naturschutzgebiet. Der Wanderpfad führt im Wald bald recht steil hinauf, bald wieder hinab. Unten angekommen, halten wir uns links, gehen also nicht erneut über die Trubach hinüber.

Wir haben den Ort **Wolfsberg** erreicht. Drüben ragt auf dem Felsklotz die dazugehörige Burgruine mit demselben Namen auf. Im 12. Jahrhundert erscheint der Name „Wolvesperch" erstmals schriftlich in einer Urkunde. Im Bauernkrieg Anfang des 16. Jahrhunderts wurde die Burg niedergebrannt. Die Besitzerin erhielt 150 Gulden als Entschädigung für ihre verlorene Habe. Im Dreißigjährigen Krieg wurde die Anlage erneut mehrfach verwüstet. Im 19. Jahrhundert ist sie schließlich weitgehend verfallen. Niemand wollte sie mehr haben.

Wir lassen Burg und Dorf rechts liegen, wenden uns am Waldaustritt unseres Weges scharf nach links rückwärts und folgen dem Mar-

⑲

kierungszeichen *Roter Punkt* den Berghang hinauf. Rund einen halben Kilometer lang geht es auf einem recht breiten, zugleich aber ziemlich steilen Weg bergan.

Der nächste Ort ist **Schossaritz**, klein, so richtig dörflich und hoch über dem Trubachtal gelegen. Im Ort halten wir uns links, kommen am Briefkasten vorbei und finden einen hübsch hergerichteten Dorfziehbrunnen. Er ist, wie auf der Tafel nebenan zu lesen, 28 Meter tief. Als Schossaritz im Jahre 1902 an die öffentliche Wasserleitung angeschlossen wurde, verfiel der Brunnen und wurde später zugedeckt.

Nach 85 Jahren haben ihn die Dorfbewohner wieder geöffnet und neu aufgebaut. Jetzt ist er eine Zierde des Ortes, der Brunnenschacht innen sogar beleuchtet. Man muß nichts hinunterwerfen, um die Wasseroberfläche zu erkennen. Hineinzuspucken genügt, um den Wasserspiegel glänzen zu sehen.

Bald nach dem Brunnen führt uns der Wanderweg bei einer großen, weißen Scheune rechts in den Feldweg nach Möchs. Wegzeichen ist nun das *Rote Kreuz*. An der Transformatorenstation geht's links weiter. Der Weg führt stetig leicht bergan, dann ein kurzes Stück hinab und noch einmal hinauf. An Felsgestein entlang kommen wir nach Möchs.

Wir wandern an dem kleinen Ort vorüber und stoßen nun gleich auf die Straße, die ins Trubachtal hinunterführt. Auf ihr halten wir uns links und kommen nach anderthalb Kilometern zu unserem Ausgangspunkt, demSpielplatz, zurück.

Wer jedoch nicht entlang der Straße gehen mag, nimmt nach dem Ortsschild Möchs den vierten Feldweg, der nach links abzweigt. Dort folgt er dem *Blauen Punkt* aufwärts in den Wald hinein, oben im Wald rechts hinab – immer mit dem *Blauen Punkt* – und am Waldrand links. Danach kommt man an einem Sommerkeller und einer Scheune vorbei und gelangt allmählich ins Trubachtal hinunter.

Bei der Schlöttermühle, die wir vom Hinweg her schon kennen, überqueren wir die Trubach und die Straße. Nun sind's noch 500 Meter zum Park- und Spielplatz am Blechstein. Dort war, wie an einer Tafel abzulesen ist, einst die Grenzscheide zwischen den Ämtern Hiltpoltstein, Pottenstein und Betzenstein.

▷ *Wie kommt man nach Obertrubach?*

Obertrubach liegt am Anfang des Trubachtals. Von Pegnitz her kommt man auf der Bundesstraße 2 über Weidensees nach Neudorf und Obertrubach. Oder man fährt von Forchheim oder Ebermannstadt über Pretzfeld das Trubachtal aufwärts über Egloffstein nach Obertrubach. Der Spiel-, Grill- und Parkplatz, an dem die Wanderung beginnt, liegt südwestlich Obertrubach an der Straße nach Egloffstein.

Die „Schlöttermühle" im Trubachtal

○ *Weglänge:*
Die Strecke ist gut neun Kilometer lang. Wer von Möchs nicht die Straße, sondern den Waldweg nimmt, muß etwa einen halben Kilometer hinzurechnen. Der Weg ist gut begehbar, der Anstieg aus dem Trubachtal bei Wolfsberg hinauf auf die Hochfläche der Alb um Schossaritz jedoch etwas anstrengend. Alle anderen Streckenteile sind leicht zu gehen.

☆ *Einkehrmöglichkeiten:*
Am Wanderweg liegt gegenüber der *Reichelsmühle* der Gasthof „Pension Treiber", den die Tante des Mühlenbesitzers betreibt. Freitag ist Ruhetag.
Weitere Gasthäuser gibt es in *Obertrubach*, auf der Strecke selbst dagegen nicht.

Wo die Zeiserlfänger wohnen

Die Stadt- und Wassertore rund um Betzenstein

Heute wollen wir uns bei den „Zeiserlfängern" zu Besuch ansagen. Sie leben in einem der kleinsten Städtchen Bayerns, in Betzenstein südwestlich von Pegnitz, ziemlich am Rande der Fränkischen Schweiz. Ihr Schicksal, „Zeiserlfänger" genannt zu werden, tragen sie mit Fassung. Denn zu diesem Namen sind sie schließlich nicht ohne eigenes Zutun gekommen.

Der Jungfer Kunigunde, Tochter des burggräflichen Amtmanns auf Schloß Betzenstein, war der Zeisig aus dem Käfig entflogen. Die schon etwas ältliche Dame konnte den Verlust ihres einzigen Schatzes nicht verwinden. So hielt ihr Vater die Bewohner von Betzenstein an, den flüchtigen Vogel alsbald wieder einzufangen. Bürgermeister und Feuerwehr, Pfarrer, Stadtsoldaten, die Musik und alle Einwohner brachen zur Vogeljagd auf. Der Flüchtling war auch bald entdeckt, doch damit noch nicht gefangen.

Vom Misthaufen des Bauern Ludwig flog er, als seine Jäger nahten, auf den Kastanienbaum, von dort zur Kirche hinüber. Bald näherte er sich der Stadtmauer. Da kam den Betzensteinern ein einzigartiger Einfall. Sie verriegelten beide Stadttore. Wenn die nämlich dicht seien, so betonte selbstbewußt der Bürgermeister, dann könne der Vogel nicht mehr hinaus und werde ihre leichte Beute.

Doch der Zeisig hüpfte, als der Feuerwehrkommandant ihm zu nah kam, aufs Untere Stadttor hinauf. Dort hockte er noch ein Weilchen, sah dem Treiben zu seinen Füßen zu. Dann schwang er sich hoch in die Lüfte, überflog kurzentschlossen die Stadtmauer und ward nie wieder gesehen. Seit diesem Tag sind die Betzensteiner weiterum als die geborenen „Zeiserlfänger" bekannt.

Ob wir dem Zeisig begegnen in Betzenstein, läßt sich nicht sagen. Fest steht aber, daß wir einen Ort mit einem noch fast mittelalterlich anmutenden, geschlossenen Stadtbild antreffen, zum Teil auch noch von der Stadtmauer umringt. Beide Stadttore sind noch erhalten. Der **Tiefe Brunnen**, in den Jahren 1543 bis 1549 bis in eine Tiefe von 92 Metern in den Fels gehauen, kann besichtigt werden, außerdem das zierliche Heimatmuseum und oben auf dem Schmidberg der hölzerne Aussichtsturm. Obwohl das Städtchen gleich zwei Schlösser hat, steht keines dem Besucher offen.

Auf einer kleinen Wanderung schauen wir uns zunächst die Umgebung von Betzenstein an. Dabei gehen wir durch Feld und Wald, an Wiesen und Äckern entlang, am Fuß prächtiger Felsformationen vorbei und sogar durch manches Felsentor hindurch.

Wir beginnen unsere Wanderung beim Postamt am westlichen Stadtrand und gehen von dort aus auf dem Fußweg parallel zur „Bayreuther Straße" stadtauswärts. Beim Ortsschild biegen wir rechts in die „Schulstraße" ein und folgen dem Wegweiser zum *Freibad*.

Gegenüber dem Straßenabzweig nach Münchs und Stierberg liegt ein versteckter Parkplatz neben der Straße mit einem hölzernen Tisch und zwei Bänken. Dort führt der Fußweg zur Klauskirche hinauf. Im Buchenwald finden wir die Reste einer Höhle, die dort vor mehr als einer halben Million Jahren von Meerwasser ausgespült worden ist. Sie führt ganz durch den Fels hindurch, ist gut 30 Meter lang, 4 Meter hoch und 3 Meter breit. Erzählt wird, daß sich hier in der **Klauskirche** die ersten Christen der Betzensteiner Gegend zum Gottesdienst versammelt hätten. Sie mußten sich damals noch heimlich treffen. Die neue Lehre war damals noch nicht anerkannt, und die Christen wurden verfolgt.

Am Ausgang der Höhle treffen wir auf den Zaun des Betzensteiner Freibads. Ihm folgen wir nach rechts, steigen bald ein paar Stufen hinauf, biegen um die nächste Zaunecke und kommen zum *Platz der schönen Aussicht*. So steht es auf einem Schild links am Wegrand, bevor wir durch einen kleinen Felsdurchbruch ins Freie treten.

Hier hat einst die Betzensteiner Windmühle gestanden, eine in der Fränkischen Schweiz sonst kaum anzutreffende technische Anlage. Wassermühlen dagegen gab´s seit jeher in großer Zahl. Da aber Betzenstein ohne Bach oder sonst irgendein fließendes Wasser war, hat man wohl versucht, mit Hilfe des Windes sein Korn zu mahlen. Die Mühle ist 1917 abgerissen worden.

Wir folgen dem Schild *Wassersteine*. Drüben im Wald geht es sogleich nach links, ausgeschildert mit dem Hinweis *Kröttenhof, Wassersteine*. Weiter geht es dann am Waldrand entlang, begleitet von einem Zaun, dann schräg hinein in eine Waldecke und bergab. Linker Hand steigen die ersten barocken Felspartien auf.

Vor uns liegt der einsame Kröttenhof mit Schafen auf der Wiese. An der hölzernen Scheune mit den mächtigen Holzstapeln davor vorbei wandern wir in die Sackgasse hinein. Links am Weg steht das „Taubenhaus".

Nach dem Kröttenhof finden wir den Wegweiser *Wassersteine 1 Km, Betzenstein 2 Km*. Der Weg führt schräg über eine Wiese und unten zwischen Zaun und Waldrand weiter. Eine wunderbare Ruhe umgibt uns, ringsum nur Wälder. Gleich darauf gehen wir schräg nach rechts in den Wald hinein.

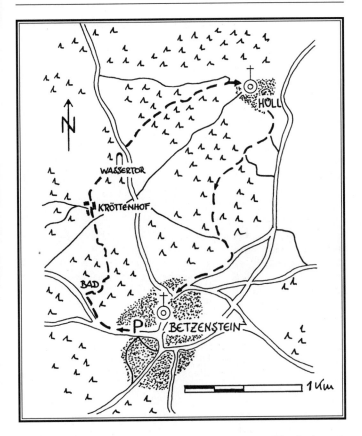

Vor uns liegt das Naturdenkmal **Wassersteintor**. Hier finden wir die Überreste einer alten Meeresstrand-Höhle. Kaum vorstellbar, daß diese Gegend in unendlich ferner Zeit einmal Meer und Küste gewesen ist. Solche Höhlen und Grotten kennen wir heute vor allem von den Küsten Portugals, in Spanien, aber auch auf Kretas.

Nach dem Wassertor führen rechts drei Stufen hinauf. Dort kommen wir nach 100 Metern und über weitere 28 Stufen zum **Großen Wasserstein**. Der ist in der Wissenschaft bekannt geworden, weil hier Überreste des kleinsten europäischen Säugetiers gefunden wurden, des „Sorex miniatissimus". Aber das steht ja alles auf der Tafel beim Wasserstein.

Wir gehen an der Felswand weiter und stoßen nach 200 Metern auf die Straße Betzenstein–Höchstädt. Auf ihr gehen wir links abwärts bis in die Senke. Dort wenden wir uns nach rechts in den Feldweg und folgen nun der Markierung des *Roten Senkrechten Strichs*.

Betzenstein – die Heimat der Zeiserlfänger

Nach 200 Metern geht unser Pfad in einen Waldweg über, der entlang eines Wildzauns verläuft. Das Gras wächst hier einigermaßen hoch. Ein Felsbrocken von zwei mal drei Metern behindert unseren Weg. Nun heißt's aufpassen! 100 Meter nach dem Felsungetüm führt unser Weg schräg rechts, verläßt dort den Wald und verläuft rechts am Waldrand weiter. So geht's ein Stück weit um die kleine Lichtung herum. Wieder begegnen wir hohem Gras und viel Klee.

Wir halten uns immer am Waldrand. Von links rückwärts nähert sich zwar bald ein Fahrweg, doch der soll uns nicht stören. Nach gut einem halben Kilometer liegt vor uns der kleine Ort **Hüll**. Dort wählen wir uns die Kirche zum Ziel. Die hohe Kirchhofsmauer und der kräftige Kirchturm lassen uns hier eine ehemalige Kirchenburg vermuten. Sie diente nicht nur dem Gottesdienst, sondern in Notzeiten auch der Zuflucht der Bürger und ihrer Verteidigung.

Die Kirche, wie sie heute dasteht, ist am Ende des 14. Jahrhunderts erbaut worden. Eine fränkische Vorgängerkirche soll hier noch vor dem Jahre 1100 errichtet worden sein. Gleich beim Eingang liegt auf der Kirchenbank eine kurze Notiz, die sehr anschaulich alle wesentlichen Teile der Kirche und ihrer Ausstattung beschreibt. Das Heftchen von Pfarrer Walther Hacker, auf das der Text außerdem hinweist, ist allerdings bei der Mesnerin nicht mehr zu haben. Das letzte haben wir ihr abgekauft.

Wir verlassen die Kirche, wandern am Dorfgasthaus vorbei die Straße abwärts und am Ortsende auf Asphalt wieder bergauf. Kurz vor dem Höhenrand wartet an der Waldecke eine Ruhebank. Von dort werfen wir noch einen Blick zurück auf Hüll und den golden leuchtenden Knopf seiner Kirchturmspitze.

Der Weg steigt weiter an, der Asphalt geht in Schotter über. Rund 400 Meter nach der ersten Bank stoßen wir am Waldrand auf eine Wegkreuzung. Hier geht's schräg links hinüber auf dem Grasweg zwischen Äckern hindurch zum 100 Meter entfernten Waldrand. Wir passieren ein Häuschen mit Ziegeldach, dabei ein Hochsitz.

Gleich nach dem Wäldchen überqueren wir eine Wiese. Drüben führt unser Weg einigermaßen steil hinab, bald unter Obstbäumen hin und immer weiter abwärts. Nach weniger als einem halben Kilometer erkennen wir durch eine Waldlücke hindurch den Betzensteiner Ortsteil Mergners.

Wir kommen an die Straße *Weidensees–Betzenstein*. Auf ihr wenden wir uns nach rechts und gehen auf das Städtchen zu. Durchs „Untere Tor" treten wir ein.

Hier war's wohl, wo der Zeisig seinen Häschern entkam. Wenn es denn überhaupt Kunigundes Zeiserl war. Denn irgendwie sehen sich doch alle Zeisige ähnlich – oder?

Gleich rechter Hand ist der Tiefe Brunnen. Mitten in der Stadt steht die **Pfarrkirche**. In ihr ist eine Miniaturausgabe der im Krieg vernichteten Dresdner Frauenkirche zu bewundern – aus Holzstäbchen gefertigt und mit „Schindeln" von Kiefernzapfen gedeckt. Sogar ein Pfarrer und vier Zuhörer sind in dem Kirchlein versammelt.

Auf den Schmidberg führen mehrere Wege hinauf. Alle sind gut ausgeschildert. Der schönste, weil durch eine Fels- und Ruinenlandschaft führend, ist wohl der vom „Unteren Tor" her. Kürzer aber auch etwas steiler ist der Weg, der an der Dorflinde bei der Metzgerei beginnt.

Der Aussichtsturm erlaubt einen schönen Blick über das Städtchen, auf die Kirche, hinüber zum Schloß, auch auf die umliegenden Wälder. Über 42 Holzstufen gelangt man rasch auf seine Spitze.

▷ *Wie kommt man nach Betzenstein?*
Betzenstein hat zwischen Pegnitz und Schnaittach eine eigene Ausfahrt von der Autobahn A 9 Nürnberg–Berlin.

○ *Weglänge:*
Der gesamte Wanderweg mißt knapp acht Kilometer. Er ist leicht zu gehen und enthält kaum Steigungen. Vielleicht sollte berücksichtigt werden, daß der Weg zwischen dem Kröttenhof und dem Ortsteil Hüll zweimal durch recht hohes Gras führt. Er sollte also nicht unbedingt bei feuchter Witterung begangen werden. Auch ein nächtlicher Regen bleibt im Wald lange spürbar.

Tiefer Brunnen
△ *Öffnungszeiten:* dienstags, donnerstags, samstags 10.00 Uhr
Mit Führungen

∞ *Eintritt:* DM 1,00

Heimatmuseum
△ *Öffnungszeiten:* Mai bis Oktober
donnerstags, samstags,
sonntags 14.00–15.00 Uhr

Für Gruppen können jederzeit Sonderführungen vereinbart werden. Zuständig ist Käthe Seitz unter der Telefonnummer 09244/7022.

∞ *Eintritt:* DM 1,50

Das Taubenhaus am Kröttenhof

Mit Kindern unterwegs

132 Seiten, 34 Schwarzweißfotos

Unsere Autoren, seit Jahren als Wanderwarte im Fichtelgebirgs-Verein engagiert, wissen aus Erfahrung, was sowohl Kinder als auch Erwachsene begeistert: der Wackelstein zum Beispiel, ein Felsriese, den selbst Kinderhände mühelos bewegen können oder eine rasante Fahrt mit der Sommerrodelbahn und vieles mehr.

144 Seiten, 42 Schwarzweißfotos, 18 Kartenskizzen

Ja, so warn's ... die alten Rittersleut'! Mittelalterliche Burganlagen wie das Schloß Egg in Deggendorf sind für Kinder immer faszinierend. Doch ein Besuch bei Bären und Wölfen im Nationalpark steht dem an Abenteuer in nichts nach. Diese und viele andere Möglichkeiten, im Bayerischen Wald zu wandern und aufregende Dinge zu erleben, hat unsere Autorin für Sie entdeckt.

Mit Kindern unterwegs

108 Seiten, 29 Schwarzweißfotos

„Spaß für und mit Kindern", das ist das Motto des Autors, der selbst Kinder hat und im Pfälzerwald-Verein aktiv ist. Bei insgesamt 26 Ausflügen wird die Geschichte der Pfalz lebendig. Sie sehen, wie die Römer kelterten und Steine brachen. Sie besteigen Burgen, wandern zu markanten Felsen oder fahren mit der Grubenbahn in ein Kalkbergwerk.

128 Seiten, 29 Schwarzweißfotos, 14 Kartenskizzen

Ein Drittel der Fläche des Saarlandes ist mit Wald bedeckt und neben landschaftlichen Schönheiten gibt es für Familien noch eine Menge anderer Dinge zu entdecken. Auf der Burgruine Montclair läßt die Phantasie der Kinder die Lebenswelt der alten Ritter wiedererstehen und kleine Tierfreundinnen und -freunde kommen im Saarbrücker Wildpark und im Wolfsgehege bei Merzig auf ihre Kosten.

Mit Kindern unterwegs

112 Seiten, 40 Schwarzweißfotos

Familien mit Kindern finden in 25 Kapiteln Vorschläge für Wanderungen auf den Spuren von Flößern, Waldbauern und Rittersleuten im Nordschwarzwald. Die Sehenswürdigkeiten werden kurz geschildert, aber auch Rastplätze mit Feuerstellen, Einkehrmöglichkeiten und Kinderspielplätze werden erwähnt.

132 Seiten, 31 Schwarzweißfotos

Ein Ausflug ins Sagenreich der Erdmännlein oder eine Fahrt im Bummelzug sind nur zwei von 23 aufregenden Abenteuern, die im Südschwarzwald auf unternehmungslustige Familien warten. Viel Spaß bei der Entdeckungsreise.

Mit Kindern unterwegs

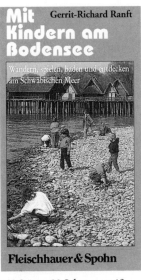

132 Seiten, 29 Schwarzweißfotos

Wasser war schon immer ein Element, das Kinder begeistert. Eine Schiffahrt auf die Blumeninsel Mainau oder die Insel Reichenau ist für alle ein Erlebnis; der Schloßgeist von Meersburg spukt regelmäßig bei allen Kinderführungen, und die mehr als 200 Berberaffen im Freigehege von Salem freuen sich über jeden Besucher.

120 Seiten, 28 Schwarzweißfotos

Für Familien mit Kindern gibt es im Hohenloher Land viel zu erwandern und zu erleben. Ob bei der Fossiliensuche rund um Kirchberg, einem Besuch auf dem Schweinemarkt in Blaufelden oder im Freilandmuseum von Wackershofen – der Ausflug bleibt für alle ein unvergeßliches Erlebnis.

Mit Kindern unterwegs

110 Seiten, 15 Schwarzweiß-fotos, 22 Kartenskizzen

10 000 Vögel auf einen Blick, wo der Abt Architekt sein wollte, und ein Bad in den warmen Quellen – all das und noch viele andere spannende Dinge kann man sehen und erleben. Daß Barock und Oberschwaben untrennbar zusammengehören und daß das auch für Kinder interessant sein kann, zeigt dieser Wanderführer.

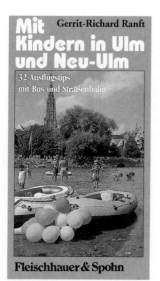

132 Seiten, 25 Schwarzweiß-fotos

Innerhalb und außerhalb der Ulmer und Neu-Ulmer Stadtmauern gibt es für Familien viel zu entdecken: man erfährt, wie es dem Schneider von Ulm erging und daß Mammutbäume nicht nur in Nordamerika, sondern auch im Ulmer Stadtwald anzutreffen sind. Sämtliche Ausflugsziele sind bequem mit Bus oder Straßenbahn zu erreichen.

Mit Kindern unterwegs

Birgit Mayer
Unterwegs in Stadt und Land
Mit jung und alt durch Württemberg
Fleischhauer & Spohn

Es gilt, Württemberg zu entdecken, sei es beim Besuch des Keltenfürsten in Hochdorf, beim Wandern zu Zeugnissen der Römer oder auf den Spuren von Dichtern und Denkern. Unabhängig vom Alter wird sicherlich jeder der 24 Ausflüge zu einem rundum schönen Erlebnis.

120 Seiten, 29 Schwarzweißfotos

Gertrud Braune
Mit Kindern auf der Alb
Zu Höhlen, Ruinen, Spielplätzen und Seen
Fleischhauer & Spohn

Die Schwäbische Alb bietet mit ihren Höhlen, Felsen, Höllenlöchern, Vulkanen und Versteinerungen eine Fülle von Möglichkeiten, mit Kindern zu wandern. Schönes und Ungewöhnliches wartet darauf, zu Fuß entdeckt zu werden.

121 Seiten, 33 Schwarzweißfotos

Mit Kindern unterwegs

Kinder brauchen Abenteuer. Auf spannenden Streifzügen durch Baden-Württemberg werden viele Fragen beantwortet, so zum Beispiel, wer einmal diese Burg bewohnt und wer sie zerstört hat, ob der „Schwäbische Vulkan" noch Feuer speit und vieles mehr.

130 Seiten, 47 Schwarzweißfotos

Wandern heißt für unsere Autorin nicht nur die Füße bewegen, sondern Neues kennenlernen, in der Natur und aus der Heimatgeschichte. In ihrem vierten Buch hat sie besonders an Familien gedacht, denn alle Ziele im Großraum Stuttgart lassen sich mit der Familien-Tageskarte des VVS zum Spartarif erreichen – und dazu umweltschonend!

109 Seiten, 37 Schwarzweißfotos, 30 Kartenskizzen

Mit Kindern unterwegs

Wenn die Wanderung ein Ausgleich zum Alltagstrott sein soll, müssen Erlebnisse ganz besonderer Art kommen. Gertrud Braune öffnet dem Wanderer die Augen für landschaftliche Idyllen, geologische Merkwürdigkeiten und historische Denkmäler.

118 Seiten, 23 Schwarzweißfotos, 30 Kartenskizzen

Oberschwaben, dieses ländliche Dreieck zwischen Donau, Iller und Bodensee, inspiriert dazu, den historischen, kulturellen und landschaftlichen Reichtümern nachzuspüren. Auf den Wanderungen erfährt man mehr über das „Herrgöttle von Bihlafingen" bis hin zum schönsten gotischen Rathaus in Oberschwaben.

128 Seiten, 19 Schwarzweißfotos, 27 Kartenskizzen

Mit Kindern unterwegs

132 Seiten, 30 Schwarzweißfotos

Es gibt vieles zu sehen, zu erleben, zu wandern und zu radeln, in und rund um Stuttgart. Tips für Ausflüge mit Kindern zu jeder Jahreszeit und bei jedem Wetter, mit Hinweisen auf Einkehr-, Grill- und Spielmöglichkeiten garantieren einen gelungenen Ausflug.

(erscheint im Sommer 1995)

Der Titel ist Programm. Die Wanderungen zu den rund 30 Naturfreundehäusern im erweiterten VVS-Bereich bieten interessante Erlebnisse für die ganze Familie. An Abwechslung und Unterhaltung am Wegesrand wird ebenso gedacht wie an Grill- und Kinderspielplätze – und am Ziel steht die Einkehr in einem Naturfreundehaus!

In Vorbereitung:

Florl, Mit Kindern im Schwäbischen Wald
Mohr, Mit Kindern im Odenwald unterwegs
Punzel, Mit Kindern in Berlin und Potsdam
Weinkauf, Mit Kindern rund um Leipzig

Weitere Titel folgen

Sämtliche Titel dieser Reihe kosten
DM 19,80 (Preisänderungen vorbehalten).

Fleischhauer & Spohn,
Postfach 1764, 74307 Bietigheim-Bissingen

Notizen

Notizen

Notizen